幽默与口才

沟通更具魅力　做人更有气场

HUMOR AND ELOQUENCE

罗盘◎著

立信会计出版社
LIXIN ACCOUNTING PUBLISHING HOUSE

图书在版编目（CIP）数据

幽默与口才/罗盘著.---上海：立信会计出版社，2016.6
（时光新文库）
ISBN 978-7-5429-5051-2

Ⅰ.①幽… Ⅱ.①罗… Ⅲ.①幽默（美学）—口才学—通俗读物 Ⅳ.①H019-49

中国版本图书馆CIP数据核字(2016)第108715号

策划编辑　蔡伟莉
责任编辑　何颖颖
封面设计　久品轩

幽默与口才

出版发行	立信会计出版社
地　　址	上海市中山西路2230号　邮政编码　200235
电　　话	（021）64411389　传　真　（021）64411325
网　　址	www.lixinaph.com　电子邮箱　lxaph@sh163.net
网上书店	www.shlx.net　电　话　（021）64411071
经　　销	各地新华书店
印　　刷	北京柯蓝博泰印务有限公司
开　　本	880毫米×1280毫米　1/32
印　　张	7.625　插　页　1
字　　数	178千字
版　　次	2016年6月第1版
印　　次	2020年1月第4次
书　　号	ISBN 978-7-5429-5051-2/H
定　　价	29.00元

如有印订差错，请与本社联系调换

前言

　　幽默是智慧与才华的显露。在平静的生活中,幽默是湖水中的涟漪;在豪迈的奋进中,幽默是激流中的浪花;在失败的困境中,幽默是黑夜里的星光。

　　自嘲式的幽默让人感受到谦逊和豁达,能使紧张的气氛变得轻松,使陌生的心灵变得亲近。

　　美国著名黑人律师约翰·马克在发表《要解放黑人奴隶》时,听众大部分是白人,还普遍对黑人怀有敌意,于是,他放弃了原来的开场白,讲道:"女士们、先生们,我到这里来,与其说是发表讲话,倒不如说给这个场合增添点颜色。"听众大笑,对立情绪被笑声驱散,此后的几个小时,会场秩序很好。

　　调侃式的幽默使平凡的事情变得富有情趣,为呆板的生活添了一道风景。

幽默与口才

一位棋迷，棋艺不高，但恋棋如命，与人下棋屡战屡败。有人问他战果，答曰："第一盘我没赢，第二盘他没输，第三盘我没有让他，杀得十分激烈，最后，我说和了算了，他还不肯！"这死要面子的调侃让人捧腹，言语中透出一股调皮可爱。

比喻式的幽默能让人体会到学识的渊博，联想的丰富，能把你的思绪带到一个广阔的空间。

一位美国记者打电话求见《围城》的作者钱钟书先生，钱先生回答道："假如你吃了鸡蛋觉得味道不错，何必非要去认识一下那只下蛋的鸡呢？"

对抗式幽默体现出机智与敏捷。

一天，德国大诗人歌德在公园里散步，在一条狭窄的小路上遇到一位反对他的批评家。这位傲慢的批评家说："你知道吗？我这个人从来不给傻瓜让路。"歌德微笑着回答："我恰恰相反。"说完闪身让批评家过去。这种对抗式的幽默耐人寻味。

幽默还是夫妻矛盾的稀释剂。

有位业余作家跟妻子吵架后，几天互不说话。妻子一气之下便写下了离婚申请书。这位朋友看出问题的严重性，灵机一动，拿起一张铅印退稿单，和妻子开起了玩笑。他写道："来稿收到，经反复研究，不予采用。现将原稿退回，谢谢支持！"其妻看后，忍俊不禁。

幽默给世界带来了许多笑声，幽默使人们在笑声中得到启迪，生活因为幽默而变得美丽，人生因为幽默而变得轻松。幽默是生活中一道挡不住的风景！

衷心希望读者在读完此书后都能多一份幽默，少一份烦恼，愿幽默能给大家的生活带来无限的乐趣。

文中难免有错谬之处，敬请批评指正。

目 录

上篇 幽默口才提升做人品位 / 001

第1章 幽默的含义 / 002
幽默的魅力 / 002
幽默的乐趣 / 005
幽默就在你身边 / 008
幽默是一种心理体验 / 010
理儿不歪，幽默不来 / 012

第2章 幽默的智慧 / 015
幽默离不开智慧 / 015
育智慧于幽默之中 / 017
善谈者必善幽默 / 019

幽默的至高境界 / 021

第 3 章　幽默的能力 / 024

以幽默战胜自我 / 024

以幽默提升能力 / 026

以幽默磨炼意志 / 029

幽默有什么禁忌 / 031

第 4 章　幽默的心态 / 033

幽默是灰心丧气的克星 / 033

幽默可以减轻病痛 / 035

故作精细"幽"一把 / 038

幽默是一颗"开心果" / 039

第 5 章　幽默的力量 / 042

保持一颗平常心 / 042

对成绩和荣誉泰然处之 / 043

幽默助你排忧解难 / 045

幽默替你减轻痛苦 / 047

幽默使你更健康 / 048

幽默能够大事化小 / 050

幽默能揭示丑恶现象 / 051

幽默寓教于笑声之中 / 053

第 6 章　幽默的谈吐 / 056

妙词佳句，就地取材 / 056

调节气氛，缩短距离 / 058

放松精神，感受美感 / 059

脱离困难，消除尴尬 / 061

评判是非，领悟哲理 / 062

中篇 幽默口才助你走向成功 / 063

第7章　工作事业中的幽默 / 064

用幽默推销自己 / 064

幽默可以拉近与上司的距离 / 067

幽默可以获得同事的好感 / 069

幽默可以争取到与客户的合作 / 072

幽默可以缓解工作压力 / 075

职场中处处都需要幽默 / 077

第8章　人际交往中的幽默 / 079

幽默使你游刃于社交场 / 079

善用幽默可以广交朋友 / 081

幽默让你轻松面对人际关系 / 083

幽默还可以回答自己不愿听的问题 / 085

以幽默获得他人的同情和谅解 / 086

幽默可化解人际交往中的尴尬困境 / 088

幽默的寒暄能够拉近心理距离 / 090

歪打正着，幽默不断 / 093

笑对人生，振作精神 / 095

第9章　爱情婚姻中的幽默 / 098

用幽默打开对方的心扉 / 098

大众情人眼中的幽默 / 101

幽默是恋爱和婚姻的推力 / 103

夫妻间的幽默 / 104

幽默是夫妻关系的润滑剂 / 106

幽默使爱情之树常青 / 110

第10章 家庭生活中的幽默 / 113

家庭幽默增亲情 / 113
家教离不开幽默 / 117
幽默是家庭的"减震器" / 119
用幽默表达对家人的关怀 / 121

第11章 演讲中的幽默 / 123

幽默使你的演讲升级 / 123
以幽默作为开场白 / 125
以幽默驾驭听众 / 126
以幽默应付临场意外 / 128
幽默使结尾余音绕梁 / 130

第12章 谈判中的幽默 / 134

君子雄辩，幽默助阵 / 134
以幽默创造良好的谈判气氛 / 136
以幽默回敬对方的无礼攻击 / 137
化干戈为玉帛的必需品 / 138
以幽默取得讨价还价的成功 / 139
以幽默的语言说服谈判对手 / 141

下篇 幽默口才带来人生乐趣 / 143

第13章 幽默技巧 / 144

幽默是吹出来的 / 144
歪打正着的轻喜剧 / 146
大词小用令人捧腹 / 147

随意可成就幽默 / 150
借语作桥找幽默 / 151
推陈出新来自模拟幽默 / 153
含而不露尽显幽默 / 155
婉言曲说真幽默 / 156
推理变幻莫测的幽默 / 158
反语幽默耐人寻味 / 160
暗示幽默要会说也会悟 / 161
让动物说人话 / 163

第14章 幽默方法 / 166

荒谬话语：使人产生一种错觉 / 166
偷梁换柱：把原来的意思偷偷换掉 / 168
机械模仿：不管变化生搬硬套 / 170
歪曲经典：对经典做荒谬的解释 / 172
强词夺理：把无理的说成有理的 / 175
张冠李戴：转移对方的原意 / 177
颠倒错位：违反常理，顺手移位 / 178
位移真义：把重点转到另一主题 / 180
类比幽默：把毫不相干的事物放在一起 / 181
一语双关：表面上说此，实际上说彼 / 185
正反对比：在心理上形成落差 / 186
设置悬念：设包袱，预作暗示 / 187
含沙射影：更高于讽刺意味 / 189
反戈一击：以眼还眼，以牙还牙 / 190
反向求因：往反面去钻空子 / 192
指鹿为马：把白的说成黑的 / 193

故弄玄虚：巧设悬念，出奇制胜 / 194
顺水推舟：借人之口，为己所用 / 196
暗度陈仓：制造明与暗的反差 / 198
故卖关子：不露声色，出人意料 / 200
旁敲侧击：谜底深藏于谜面 / 202
以谬就谬：以子之矛攻子之盾 / 203
故作愚蠢：偶尔故意地装装傻 / 205
返还幽默：软对软，硬对硬 / 207
黑色幽默：用喜剧来表现悲剧 / 209
自我吹捧：自己夸奖称赞自己 / 210

第15章 幽默训练 / 214

良好的文化素养和表达能力 / 214
敏锐的观察力，丰富的想象力 / 216
注意言语的健康和新颖 / 218
必备的素质 / 219
千里之行，始于足下 / 221
在实践中多加训练 / 224
创造自己的幽默感 / 226

幽默测试 / 228

上篇

幽默口才提升做人品位

生活中，人们往往利用幽默的特殊作用，揭露社会上的种种弊端，在笑声中擦亮人们的眼睛，净化人们的心灵，在笑声中敲响生活的警钟。

幽默可以用来自嘲，更重要的是可以用来讽刺别人；可以用于防御，但更主要的是用于进攻。幽默用于讽刺，用于攻击，用于挑衅，之所以比其他方法更能显示出一个人的魅力和风度，是因为它不仅能以含蓄、婉转的力度达到最佳目的，而且在讽刺、攻击、挑衅时总伴随着温和，让人感到尖刻而不鲜血淋漓，让人觉得热辣而又不至于灼伤对方。

上篇　幽默口才提升做人品位

第1章
幽默的含义

什么是幽默？这永远是一个拉不直的问号。幽默对于我们是一个永恒的话题，但幽默的定义却始终像个谜。美国哲学家索尔·斯坦伯格说：试图给幽默下定义，是幽默的定义之一。没有人能够给幽默下一个精准的定义，而不同的字典给出的幽默的定义也不尽相同。

有的人说幽默是一种修养、一种文化；有的人说幽默是一种润滑剂、一种兴奋剂；有的人说幽默能够在满足中获得前进的动力；有的人说幽默是绝不在抱怨中消弭自己的进取心……

我们对于幽默的理解是：幽默是一种高贵的品质，有着这种高贵品质的人善于拨动自己和他人笑的神经，笑天下可笑之人，容世间难容之事。

幽默的魅力

幽默存在于生活的方方面面，我们不得不承认，一个善于运用幽默的人是魅力十足的。一位心理学家告诉我们："如果你能使一个人对你有好感，那么，你也就可能使周围的每一个人，甚至是全世界的人，都对你有好感。只要你不是到处和人握手，而是以你的友善、机智、风趣去传播关于你的信息，那么空间距离就会消失。"

幽默的特点就是令人发笑，使人感觉快乐、欣悦和愉快，把这一特点运用到社会生活中，就会得到意想不到的效果。

从下面这个例子中我们就能体会到幽默的功效。

一次，美国总统里根在白宫钢琴演奏会上发言时，夫人南希不小心连人带椅跌落到台下的地毯上。正在讲话的里根看到夫人没有受伤，便插入一句说道："亲爱的，我告诉过你，只有在我没有获得掌声的时候，你才应该这样表演。"紧接着，台下响起了一片热烈的掌声。

本来是一件容易让里根陷入尴尬的事情，在这时如果埋怨或者置之不理都会令人不快，不只是台下的人不快，台上的人更是如此。而里根在危急时刻，运用幽默化险为夷，出奇制胜，显露出他的机智、豁达，拉近了和观众的距离。

幽默是社会活动的必备礼品，是活跃社交场合气氛的最佳"调料"。它能为人们增添欢乐，轻松地拂去可能飘来的丝丝不快，还能巧妙得体地为自己或他人摆脱窘境——这就是幽默的魅力。

在一次宴会上，一个肥胖的资本家笑着对萧伯纳说："哈啰，萧伯纳先生！一见到你，我就知道目前世界上正在闹饥荒。"萧伯纳不紧不慢地说："先生，我一见到你，就知道了世界正在闹饥荒的原因。"

上篇 幽默口才提升做人品位

两人幽来默去,表义明确但含而不露,真是绝妙!

现代幽默理论认为,幽默能在参与者之间产生一种强烈的伙伴感和一致对外的攻击性。幽默能一下子拉近两个人之间的距离,因为一起笑的人表明他们之间已经有了共同的兴趣、爱好,这是社交成功的第一步,也是很关键的一步。

互相敌视的两个人,相逢一笑泯恩仇,因幽默而化敌为友,这种事例举不胜举。真正聪明的人,总是依靠幽默使社交变得更顺利,更富人情味。

如果你希望有所成就,希望引人注目,希望社交成功,希望在现代生活中立于不败之地,那么,你就应该学会和别人来点幽默。

深受美国人民爱戴的美国前总统林肯长得很难看,这本来是获得人们喜爱的一个障碍。林肯认识到了这一点,他不但没有回避,反而利用它拉近了与人们的距离。

一次,林肯的政敌说林肯是两面派。林肯以平和的态度说:"现在,让听众来评评看,要是我有另一副面孔的话,我还会戴着这副难看的面孔吗?"

适时又恰当的幽默,不仅显示了林肯的达观,更体现了他的真诚,表露了人们所需要的人性和人情味,从而赢得了人们的理解和支持。

诚然,幽默不能代替具体的解决问题的科学方法,它不能帮你减肥,也不能帮你长高,不能帮你考高分,更不能帮你进行发明与创造。但它能帮助你调节人际关系。在人生纷至沓来的困惑中,它会帮你化被动为主动,以轻松的微笑代替沉重的叹息。学着慢慢地体会幽默的真谛,做一个魅力十足的幽默的人。

😊 幽默的乐趣

随着物质文明和精神文明的不断发展，人们越来越懂得制造和欣赏幽默，以图活得更轻松更愉快些。幽默不仅要引人发笑，还要有意味。真正的幽默，应该是机智百变，妙趣横生，让人越琢磨越捧腹，而且有茅塞顿开之感；反之，就降格为插科打诨了，不过如同伸手到人腋下使人发笑。幽默是才智积累到一定程度的自然发挥，是反应训练到一定程度的自然表现。要想幽默，只有踏踏实实地丰富自己，提高自己。

美国人特鲁说得很好："幽默是一种特性，一种引发喜悦，以愉快的方式娱人的特性；幽默感是一种能力，一种了解并表达幽默的能力；幽默是一种艺术，一种运用幽默感来增进你与他人关系的艺术；幽默是人际关系的润滑剂，它以善意的微笑代替抱怨，避免争吵，使你与他人的关系变得融洽，更有意义；幽默可以帮助你减轻人生的各种压力，摆脱困境；幽默能帮助你战胜烦恼，振奋精神，在沮丧中转败为胜；幽默能帮助你把许多的不可能变成可能；幽默比笑更有深度，其产生的效果远胜于咧嘴一笑。当你把你的幽默作为礼物奉献给他人时，你会得到同等的，甚至更多的回报；幽默能使他人更喜欢你、信任你，因为他不必担心被取笑，被忽视。所以人们希望与幽默的人一起工作，乐于为这样的人做事，而且希望与一位有幽默感的人成为终身伴侣。总之，幽默是一切奋发向上者身上必不可少的力量。"

罗斯福还未成为美国总统之前，有一次，家中遭窃，朋友写

上篇　幽默口才提升做人品位

信安慰他。罗斯福回信说："谢谢你的来信，我现在心中很平静，这要感谢上帝，因为：第一，窃贼只偷去我的财物，并没有伤害我的生命；第二，窃贼只偷走部分的东西，而非全部；第三，最值得庆幸的是做贼的是他，而不是我。"

真正懂得幽默乐趣的人，就如同故事中的罗斯福总统，抱着乐观的生活态度去发现幽默、发现幸福，这样我们必然能生活在欢声笑语当中。

有一次，萧伯纳走在大街上，被一个骑车的冒失鬼撞倒在地，幸好并无大碍。肇事者急忙扶起他，连声道歉，萧伯纳拍拍屁股诙谐地说："你的运气真不好，先生，如果你把我撞死了，就可以名扬四海了。"

幽默的机智反应并非只是能言善辩，而是一种快乐、成熟的生活态度，掌握了它就等于掌握了智慧的结晶，得到了快乐的源泉。学习幽默，才能"乐观地对待一切，笑看人生"；才能"开口就是智慧，发声就是天籁"。

幽默大师林语堂曾在某大学教授英文。第一天上课时，他手提一个大皮包走进教室，学生都以为是课本，打开一看，却是有壳花生，林语堂则用英文大讲其吃花生之道。

他说："吃花生要吃带壳的，一切味道与风趣，全在剥壳，剥壳愈有劲，花生米就愈有味道。"他还补充说："花生米又名长生果，诸君第一天上课，请吃我的长生果祝君长生不老，以后我上课不点名，但愿大家吃了长生果，更有长性子，不要逃课！"

语毕，全堂莞尔。

麦克阿瑟将军在为儿子写的祈祷文中，除了求神赐他儿子"在软弱时能坚强不屈，在畏惧时能勇敢面对自己，在诚实的失败中能够坚忍不拔，在胜利时又能谦逊温和"之外，还祈求上帝赐给他"充分的幽默感"。由此更能窥见幽默在西方社会中得到的充分肯定和被赋予的崇高价值。

印度诗人泰戈尔收到一位姑娘的来信："您是我敬仰的作家，为了表示我对您的敬意，我打算用您的名字来命名我心爱的哈巴狗。"泰戈尔给这位姑娘写了一封回信："我同意您的打算，不过在命名之前，你最好和哈巴狗商量一下，看它是否同意。"

丹麦童话作家安徒生生活很简朴，常常戴着破旧的帽子在街上行走。有个行路人嘲笑他："你脑袋上的那个玩意儿是什么？能算是帽子吗？"安徒生回敬道："你帽子下边的那个玩意儿是什么？能算是脑袋吗？"

美国政治家查尔斯·爱迪生在竞选州长时，不想利用父亲（大发明家爱迪生）的声誉来抬高自己。在做自我介绍时他这样解释说："我不想让人认为我是在利用爱迪生的名望。我宁愿让你们知道，我只不过是我父亲早期实验的结果之一。"

一天，有人问英国首相丘吉尔，做个政治家要具备哪些条件。丘吉尔回答说："政治家要能预言明日、下月、来年及未来可能发生的一些事情。"那个人又问："假如到时候预言的事情未能

上篇　幽默口才提升做人品位

发生，那怎么办？"丘吉尔说："那就要能再说出一个理由来。"

幽默是人际交往的润滑剂，它在人们的生活中占有举足轻重的地位。但我们不能忘记生活是多姿多彩的，所以在使用幽默时，千万不能滥用。一句妙语可以带来轻松与力量，但滔滔不绝的妙语、笑话、讽刺，也能断绝沟通。我们可能会遇到这样的人，让我们不知所措，于是只好赶紧逃开威力过大的幽默轰炸。

有时候我们会遇到妙语连珠的人，但我们不要产生竞争之心，而是要倾听他话中蕴含之语意，学习他的长处。若你心中有不平的意念，一心只想用幽默来压倒对方，就可能使气氛陷入紧张，引发对方的仇视心理，为日后对你的攻击埋下伏笔。幽默能使沟通更加融洽，利用幽默产生的开怀大笑能达到与人交流的目的，从而令气氛非常愉悦。

用心体会幽默的乐趣，你也能一张口吐莲花香，一双手勤做善事，一颗心有情有义，一辈子欢喜自在。

幽默就在你身边

有位哲人说过："幽默是我们最亲爱的伙伴。我们的生活需要幽默，我们的人生需要幽默，一个健全的社会更不能没有幽默。没有了幽默，生活将会变得单调而缺乏色彩，岁月将会变得枯寂、干涸。幽默给予我们的是源源不断的甘泉，它滋养着我们的心灵，润饰着我们的生活。幽默使我们在黑暗中看到光明，在绝境中看到希望。它是寒冬里的一盆炉火，它是窘迫时的一个笑容……幽默美妙而又神奇。"

不要抱怨自己或者身边的人缺乏幽默感,其实,只要留意一下,我们无时无刻不身处幽默的氛围当中。

比如,在拥挤的公共汽车上,大家都会幽默地戏称自己"被挤成了相片"。又如,车上人多,有乘客没有听见站名,错过站的他便慌慌忙忙敲车门,大喊:"售票员,下车!"而售票员正在酝酿几句奚落话,一位乘客及时插嘴:"售票员不能下车。售票员下车了,谁卖票呢?"于是,乘客报以微笑,售票员也变得和颜悦色了。

此时的幽默是有效缓解矛盾的润滑剂,能够很好地调节人际关系。

一位车技不高的小伙子,骑车时见到前边有个过路的老人,连声喊道:"别动,别动!"那老人站住后,还是被他撞倒了。小伙子赶忙扶起老人,连连道歉。老人幽默地说:"原来你叫我别动是为了瞄准呀!"

由于有了幽默、洒脱的态度,矛盾被巧妙地化解了。

有一对夫妇去参观新潮美术展览,当他们走到一幅仅以几片树叶遮掩着私处的裸体女像油画前时,丈夫很长时间不肯离开。妻子忍无可忍,狠狠地揪住丈夫道:"喂!你想站到秋天,等待树叶落下来才甘心吗?"

此时的幽默是缓解干涩的高质润滑剂,是托起爱情之舟的安

上篇　幽默口才提升做人品位

全气垫。

幽默能使我们消除烦恼，化解痛苦，幽默还能美化、"乐化"我们的生活，为生活增添笑声，使生活变得五彩斑斓。

青年人举行婚礼是人间美事，可下面这位小伙子用幽默使其婚礼锦上添花。

小伙子姓张，新娘姓顾，他借着两人的姓做了一次令人叫绝的恋爱经验介绍：

"本新郎姓张，新娘姓顾。我们尚未认识时，我是东'张'西望，她是'顾'影自怜。后来我'张'口结舌去找她，她说她已有所爱，我'张'皇失措，劝她改弦更'张'，她说现在只好'顾'此失彼了。我大'张'旗鼓地追求她，她左'顾'右盼地等着我。认识久一点，我就明目'张'胆，她也无所'顾'忌。于是，我便请示她择吉开'张'，她也欣然惠'顾'。"

小伙子句句挂"彩"，调侃令人喜笑颜开。在这里，幽默是幸福之花，欢乐之果，是刚启封的美酒，是暖融融的春风。

幽默是一种心理体验

幽默的心理体验是通过言行公之于众的，因此表达幽默有有声语言、书面语言、体态语言等方式。幽默的表达贵在自然，某些有做作痕迹的幽默虽然也能激起人们的兴趣，但给人留下的感觉并不怎么好：人们会认为这些装模作样的幽默不过是哗众取宠。可见，富有幽默感，秉持着幽默秉性对每个人是多么的重要。而没有这种素质的人一旦意识到幽默的重要性，必然会铤而走险，硬行施展生疏的幽默技法，结果当然很差，给人们的感觉简直与拿腔拿调、忸怩作态的小丑无异。

天灾之年，有一对夫妻三天没吃东西。两人商量，把家里一只养了一年多的叫阿黄的狗杀掉充饥。一家子坐在桌旁吃完了阿黄的肉，收拾桌子时，丈夫对妻子说："如果把这些骨头给阿黄的话，它会多高兴呀。"

这个幽默对丈夫和妻子都是一种心理体验。丈夫的表达反映了其自嘲自慰、盎然生趣的乐观精神。妻子听了以后心里当然是苦涩的。但他们都不因为生活的艰难而沮丧，而是会心一笑，以微笑品味着生活的艰难。

有时候，我们看到一个很幽默的人或者是一个著名笑星，尽管他没有特意作出什么幽默的动作和表情，但普通的一句话也能使人感受到一股清新浓郁的幽默意味。

有一次，一位记者到冯巩家采访，冯巩夫妇并肩坐在长沙发上。夫人显得很文静，把说话的机会都让给了笑星冯巩。主持人问冯巩的夫人叫什么，冯巩抢着说："她叫爱卉，换过来说就是'会爱'。"

"你儿子今天没在家，他长得像谁呀？"

"漂亮方面像我，聪明方面像她。"

笑星的应答灵活俏皮，逗人发笑。

幽默的自然性是和动作、姿态、表情的自然性融为一体的。

上篇　幽默口才提升做人品位

在一次激烈的保卫战中，斯大林领导的苏联红军打退了敌人最后一次猖狂的进攻，通信兵前来报告："敌人正在撤退！"斯大林马上不假思索地纠正道："不，敌人正在逃跑！"

从斯大林那威严的表情和斩钉截铁的口吻中可以知道，他没有也无心幽默，但这两句话关键词语的更换却传达出了丰富的幽默内涵。

理儿不歪，幽默不来

矛盾、奇巧、意外、反常、失败、错乱是幽默的必然属性。俗话说："理儿不歪，笑话不来。"

幽默不会产生于平庸与苍白之中，而是来自于意想不到的震撼。著名的幽默大师诺曼·N·霍兰德认为幽默的最大特点是不具协调性。这是很有道理的。下面这则幽默故事最能说明这点。

某企业主想请某主教为其做一则广告。但他没有把话完全说明白，只是说请他去布道……

企业主首次出价10万元。

主教只是摇头，而不说话。

"30万。"企业主一下把价格提高到原来的3倍。主教依然摇头不语。

"50万！"主教的头摇得更厉害了。

这时，一位神职人员走上前去，低声对主教说："主教大人，

50万元可以办许多的事情啊！你为什么还不愿意呢？"

主教回答说："你知道他要我布道完后说什么吗？他要我不说'阿门'，而说'××可乐'。"

企业主的要求很离谱，一个主教怎么能以商品广告来代替严肃的教语呢？正是这种不协调性产生了幽默。

同时，矛盾也可以产生幽默。

树上的两个苹果瞧着这个世界。其中一个说道："瞧这些人打呀杀呀……总是不能和睦相处，说不定哪一天，这世界要由我们苹果来统治了。"

另一个回答说："交给我们？是交给红的还是交给绿的呢？"

从苹果的对白中，我们不难感到言行矛盾时所能带来的幽默意味。

奇异也可以产生幽默。新奇意外的表达可给人一种意想不到的感觉，让人倍觉突兀，幽默也由此产生。

有三位朋友同住在旅店的45层楼。一天晚上电梯坏了，他们不愿意另换住处，于是一起爬楼。为了消除疲劳，其中一个人不断地讲笑话。好不容易爬到了43层，大家早已疲惫不堪，于是决定休息一下。一直讲话的人对另一个人说："现在轮到你了，彼得。由你讲一个长一点的故事，情节要有趣味，最后来个使人伤心的结局。"

于是彼得开口了："故事不长，却让人伤心极了，因为我把房间钥匙落在了一楼大厅里。"

上篇　幽默口才提升做人品位

这个故事的结尾让人倍感意外,因而幽默意味油然而生。

反常也可产生幽默。人类的思维方式一般是恒定的,如果不守常规,一味反常,就会产生不协调感。

有一天,国王问阿凡提:"阿凡提,要是你面前一边是金钱,一边是正义,你选择哪样呢?"

"我愿意选择金钱。"阿凡提回答。

"你怎么了,阿凡提?"国王说,"要是我呀,一定要正义,绝不要金钱。金钱有什么稀奇?正义可是不容易找到的啊!"

"谁缺什么谁就想要什么,我的陛下。"

第 2 章
幽默的智慧

幽默是智慧的体现。许多聪明人苦于缺少幽默感,归根结底是他们缺少幽默的智慧,缺少幽默的技巧。美国著名心理学家哈维·闵德斯在《笑与解放》一书中指出:"人人都可以成为笑的创造者,都可以把幽默感当作一种主动有效的才能,应用在生活的各个方面。"

最理想而又纯正的幽默是那些智者哲人莫逆于心的"会心的微笑",是一种灵魂的顿悟感,是他们高卓的智慧碰撞出来的火花。他们将这一趣味用一种非常理智的方式表达出来,就形成了机智的幽默。

幽默的形成需要智慧,没有智慧的幽默犹如盲人说瞎话,和尚念佛经,整个世界都会黯然失色。机智的幽默,嬉笑怒骂间自成文章。

幽默离不开智慧

幽默不是老老实实的文字,它是运用智慧、聪明与种种搞笑的技巧,使人读了发笑、惊异或啼笑皆非,并从中受到教育的一种能力。幽默不仅是智慧的迸发,善良的表达,它更是一种胸怀、

上篇　幽默口才提升做人品位

一种境界。正如作家王蒙所说:"幽默是一种成人的智慧,一种穿透力,一两句就把那畸形的、讳莫如深的东西端了出来。既包含着无可奈何,更包含着健康的希冀。"

幽默不是油腔滑调,也非嘲笑或讽刺。正如有位名人所言:"浮躁难以幽默,装腔作势难以幽默,钻牛角尖难以幽默,捉襟见肘难以幽默,迟钝笨拙难以幽默,只有从容、平等待人、超脱、游刃有余、聪明透彻才能幽默。"

著名作家林语堂说:"幽默愈幽愈默而愈妙。"

拿喝茶来说。在最好的茶的品类里,无论是西湖龙井,还是铁观音、碧螺春,都是刚喝的时候好像不觉得有什么特别的好味道,静默几分钟后才品味出茶中"只可意会,不可言传"的妙处。若有人因为铁观音的味道不太强烈,先加牛奶再加白糖,那只能说他不会喝铁观音。

幽默也是雅俗不同,愈幽而愈雅,愈默而愈俗。幽默虽然不必都是幽隽典雅,然而从艺术的角度来说,自然是幽隽的比显露的更好。幽默固然可以使人隽然而笑,失声哈哈大笑,甚至于"喷饭"、"捧腹"而笑,而最值得欣赏的幽默,却是能够使人嘴角轻轻上扬的微笑。

钱钟书的《围城》中,有这样一个场景:

"甲板上只看得见两个中国女人,一个算不得人的小孩子——至少船公司没当她是人,没有让她父母为她补买船票。"

在描写这个场景的时候钱钟书先生违背了人们正常的思维模式,造成了"人们心理期待的扑空"。"算不得人的小孩子",人们期待的是从年龄上说明,而作者却从船公司没让她补票的角度揭示，这种揭示出人意料却又合情合理，幽默的意味溢于言表。

幽默是一种智慧的表现，它必须建立在丰富的知识基础上。一个人只有具有审时度势的能力、广博的知识，才能做到谈资丰富，妙言成趣，从而作出恰当的比喻。因此，要培养幽默感必须广泛涉猎，充实自我，不断从浩如烟海的书籍中收集幽默的浪花，从名人趣事的精华中撷取幽默的宝石。

这里再列举一个钱钟书先生的例子。

他曾写过这样一段文字：

"晚清直刮到现在的出洋热那股狂风并非一下子就猛得飞沙走石，开洋荤当初还是倒胃口的事……"

这里把抽象的"社会风气"的"风"比喻为自然现象中的"风"，只有这样才能刮得飞沙走石，既形象又风趣，没有大张旗鼓的幽默，但是幽默的味道早已从字里行间显露无遗。

培养机智、敏捷的洞察力，是提高幽默的一个重要方面。只有迅速地捕捉事物的本质，以恰当的比喻、诙谐的语言，才能使人们产生轻松的感觉。当然在幽默的同时，还应注意，重大的原则总是不能马虎，不同问题要不同对待。在处理问题时要极具灵活性，做到幽默而不俗套，使幽默能够为人类精神生活提供真正的养料。

育智慧于幽默之中

幽默是智慧的产物。如果把幽默比拟成一个美人，她应该是

上篇　幽默口才提升做人品位

内涵丰富、艳若桃花、气质如兰的,她应当能给人带来愉悦的享受。她比滑稽更有气质,也更加耐人寻味。

司马迁在《史记·索引》中曾经把"滑稽"解释为"能乱同异"。即通过巧妙的联想,把客观事物之间的三分之一或四分之一相似转变为全部相等。这种"化异乱同"或者偷换概念就能造成一种"机智的幽默"。

一位少妇对她的丈夫说:"亲爱的,住在咱们家对面的那个男的,总是早上出门前吻他的妻子,晚上回家一进门也是先吻她。难道你就不会这样做吗?"

丈夫回答道:"当然可以,不过我跟她还不是太熟。"

这个聪明的丈夫巧妙地把自己的妻子换成了对门的少妇,偷换了概念,在不经意间显露出机智的幽默。

违反人们正常的思维规律,对事物进行巧妙解释,或者说出了人们意想不到的大实话,都会很好地达到风趣幽默的效果。

一位顾客在一家餐厅吃饭,米饭中的沙子很多,顾客把它们一一挑出来放在桌子上。服务员见此情景很抱歉地说:"都是沙子吧?"顾客摇摇头,说:"不,也有米饭。"

顾客巧妙的回答,一个违反常人的思维模式,轻松自然地造成了幽默和讽刺的效果。

一个衣衫褴褛的人蹲在积水只有五厘米深的水坑前钓鱼,所有经过的人都认为这个人是个傻瓜。其中一位过路人不禁动了怜悯之心，他和蔼地对钓鱼的人说："喂，你愿意和我喝一杯吗？"钓鱼的人高兴地接受了他的邀请。他们喝了几杯饮料之后，这个人问钓鱼的人："你在钓鱼，是吗？""是的。""那今天上午你钓到几条鱼呀？""算上你，已经有八条了。"

看似愚蠢的行为却隐含着戏谑的动机，一旦真相大白之后，自然令人捧腹。

机智的幽默含蓄而又婉转，锋利而又忠厚，让人觉得尖利而又不鲜血淋漓，热辣而又不致灼伤。机智的幽默不是哗众取宠，而是一种乐观的人生态度，它使人在逆境中也能乐观面对现实，在顺境中有忧患之心。

善谈者必善幽默

通常情况下，真正懂得谈话艺术的人，其实就是那些既善于引导话题，同时又善于使无意义的谈话转变得风趣的幽默者。这种人在社交场上往往如鱼得水，左右逢源，可算作社交谈话中的幽默大师。单调的谈话令人生厌，因此，善谈者必善幽默。但这种幽默，并不意味着一切事物都可以拿来打趣。例如关于宗教、政治、伟人以及关于某种令人同情的痛苦等，都是绝不能加以取笑的。在有的人看来，如果说话不够幽默，便不足以显示自己的聪明，这种想法又不免有些偏激。

美国心理学家保尔·麦基认为，幽默感对于人的社交能力的发展起着举足轻重的作用。

与幽默家在一起好比读一本好书，受益无穷，欢乐无限。

上篇　幽默口才提升做人品位

有一次，温斯顿·丘吉尔的政敌阿斯特夫人对他说："温斯顿，如果你是我的丈夫，我会把毒药放在你的咖啡里。"

丘吉尔笑笑说："夫人，如果我是你的丈夫，我就会把那杯咖啡喝下去。"

这里，丘吉尔用巧妙的回答讽刺了政敌的攻击，以牙还牙，但并没有正面冲突，用温婉而又有力的幽默给了对方教训。这是值得我们每一个人学习的说话技巧，甚至是做人的技巧。

幽默语言可以使我们内心的紧张和重压释放出来，化作轻松的一笑。在沟通中，幽默语言如同润滑剂，可有效地降低人与人之间的"摩擦系数"，化解冲突和矛盾，并能使我们从容地摆脱沟通中可能遇到的困境。

在社交中，谈吐幽默的人往往能取胜，没有幽默感的人往往会失败。在交际场合，幽默的语言极易迅速打开交际局面。

善于谈话的人，有时候需要常拿自己开开玩笑。美国著名律师迪特是一位善于拿自己开玩笑的人。

有一次，哥伦比亚大学校长登台演说时，先将迪特介绍给听众："他算得上是我国第一位公民！"迪特似乎可以立刻抓住这个难得的机会，大模大样地开着玩笑说："诸位静听，第一位公民要开始演讲了。"不过如果他真那样做，就成了一个没人瞧得起的傻瓜。

那他该如何说呢？他不仅要利用这句介绍词幽默一下，并且还要从中博得听众的好感。他说："刚才校长先生说的一个名词，我起初有些听不太懂。第一位公民——是指什么呢？现在我才想到，大概他是指莎士比亚戏剧中常常提到的公民。校长先生一定是研究莎氏戏剧极有心得的人，他替我作介绍时，一定又想起他的莎氏戏剧了。诸位听众一定知道莎士比亚常常把许多公民穿插在他的戏剧中，这些配角大都只有一两句话，而且多半是毫无口才、没有高明见识的人。但他们差不多都是好人。即使把第一和第二的地位交换一下，也根本不会显示出任何不同之处。"

话未说完，台下便响起潮水般的掌声。

如果我们能够在生活中多运用些幽默智慧的语言，就真的能够使我们身心健康、人际顺畅。我们的人生将到处充满着喜悦与新鲜！

幽默的至高境界

事事都求"自然天成"为好，幽默也是如此。有准备的幽默当然能应付一些事情，但难免有人工斧凿之嫌；临场发挥的幽默才更为巧妙，更见风致。

1975年，在巴黎大学的博士论文答辩会上，法国主考人向陆侃如先生提了一个奇怪的问题："《孔雀东南飞》这首诗中，为什么不说'孔雀西北飞'？"陆侃如应声答道："西北有高楼。"

他巧妙地利用古诗十九首里的句子"西北有高楼，上与浮云齐"作为孔雀东南飞的理由。面对刁问能机智作答，其才智令人惊叹。

上篇　幽默口才提升做人品位

幽默不是深思熟虑的产物，而是机趣自然的结晶，往往与快捷、奇巧相连。

开往日内瓦的列车上，列车员正在检票。一位先生手忙脚乱地寻找自己的车票，他翻遍所有的口袋，终于找到了。他自言自语地说："感谢上帝，总算找到了。"

"找不到也不要紧！"旁边一位绅士说，"我到日内瓦去过20次都没买车票。"

他的话正巧被站在一旁的列车员听到，于是列车到达日内瓦车站后，这位绅士便被带到了拘留所，接受审问。

"您说过，您曾20次无票乘车来到日内瓦。"

"是的，我说过。"

"您不知道，这是违法行为？"

"我不这么认为。"

"那么，无票乘车怎么解释？"

"很简单，我是开着汽车来的。"

这位先生真是有"把稻草说成金条"的本事。毫无疑问，他是无票乘车者，但他能巧妙地运用幽默为自己开脱，列车员能拿他怎么办？

临场发挥是一种技巧，更是一种心智，它需要我们有冷静的头脑，能够保持从容镇定，不慌不忙。在各种晚会、文艺演出中，许多主持人、演员临场应变，妙语连珠，为晚会营造了欢乐的气氛，也赢得了观众的掌声和喜爱。

临场幽默贵在能及时发现并抓住"触媒"，由此巧妙联想，得体发挥。

一个演员唱乐亭大鼓时，鼓板没打几下，那鼓砰然落地，观众哗然。主持人利用演员弯腰捡鼓的时机亲切地说："诸位，这个节目是临时加的，这位演员没来得及带自己的鼓，用的是别人的，看来这鼓有点认生。"

一句话缓解了紧张的气氛，让我们不得不对这位主持人心生佩服。

一位杂技演员表演《踩蛋》时，不小心把脚下的一个鸡蛋踩坏了，观众都看见了，演员很不好意思地又换了一个鸡蛋，主持人连忙打圆场："为了增加艺术效果，证实鸡蛋是真的，所以演员故意踩碎了一个给大家看。"不巧的是，主持人话音刚落，演员脚下又一个鸡蛋被踩碎了。观众马上转向主持人，这回看你怎么说。只见主持人无可奈何地叹了口气，说："唉，社会上的伪劣产品屡禁不绝，看来不抓不行了——连母鸡都生产劣质产品！"

这幽默风趣，这不用回家现取的机智，令人钦佩，一时满座粲然。

上篇　幽默口才提升做人品位

第3章
幽默的能力

幽默不是吹牛拍马，卖弄聪明；幽默不是轻视讥笑，损人找乐。幽默应该是宽容与善意、豁达与乐观。幽默是一个人能力的闪光，幽默是许多成功人士的共同品质，甚至是他们成功的关键因素。凭借这种能力，他们可以在大庭广众之下侃侃而谈，成为众人关注的焦点；他们可以在职场中左右逢源，拓展人脉；他们还可以从客户身上获得商机，赢得老板的赏识、同事的赞赏……

以幽默战胜自我

幽默研究学者张瑞君说："如同树木需要阳光、空气和水，人需要的是幽默。幽默感是现代人应有的素质。"他还说："对疲乏的人们，幽默就是休息；对烦恼的人们，幽默就是解药；对悲伤的人们，幽默就是安慰……"对于所有的人来说，幽默就是力量！

幽默是一种言语或行动，它不是刀枪剑棍、武林绝技，也不是排山倒海的兵力，它是智慧与知识的结合。在智慧之力、知识之力的辉映下，幽默也就具有了化险为夷的魔力。当你处于四面楚歌的危急情境、处于受人非难的尴尬处境，幽默都能给你转败为胜的力量。

如何摆脱沮丧悲观、烦恼惆怅的不良情绪，使自己的精神家园阳光灿烂呢？重要的心理疗法就是一种"合理化"或"自我解嘲"式的幽默疗法。它要求人们对生活抱着乐观的态度；要求人们淡化苦难、苦中求乐；要求人们在失望时看到希望；要求人们"猝然临之而不惊，无故加之而不怒"，保持一份平和的心境。做到了这些，你的精神之树就会长青，你心中的信念长城就不至于颓然倒地。我们完全可以这样说，幽默可以给人们的精神家园以强大的支撑力，使人们在苦乐交加、曲折变幻的人生道路上百折不挠，实现真正的人生价值。

幽默地对待自己，对自身的优点和荣誉一笑置之。这样会让你得到许多理解。

一次选举会上，一个人获得了胜利，荣任高职，有人祝贺他时，他回答说："无论如何，巴西足球在上周赢得的那场球赛更值得祝贺。"

他轻描淡写地对待自己的荣升，以他的谦虚来赢得别人的尊敬，改善了自己的形象，当然也就更容易进一步和别人接近。

生活当中，赞扬需要幽默，指责更需要幽默，幽默能使指责传达善意。如果双方发生了分歧，其中之一的当事人撇开严肃的态度以幽默的语言来暗示责备，而不至于伤害人，那么即使是调侃式的、半宽容的幽默语言也能正确无误地表达出责备，以达到不伤害人的目的和作用。其原因就在于，幽默传达给对方后，对对方产生作用的不完全在于这是些什么话，有很大一部分在于你

上篇　幽默口才提升做人品位

的幽默给了对方一种什么样的感觉。显然，真诚的、善意的幽默即使传达出责备的信息，通常情况下也是不会引起反感或恶感的。而一本正经的批评指责，引起分歧增大、感情破裂的可能性要大得多。

在死亡面前，丘吉尔幽默地说："我已经准备好去见上帝，可上帝准备了什么来见我呢？"

法国革命家丹东就义前大声喊道："把我的头拿去吧！我的头是值得一看的。"

美国小说家欧·亨利临终前则说："把灯全点上吧，我不想在黑暗中回老家去。"

面对死亡，这些智者保持着一份超然、幽默的态度，这是多么非凡的气度啊！

前苏联学者阿诺欣院士说："我们应该学会用幽默锻炼我们的情感，就像锻炼肌肉一样。"契诃夫也曾告诫人们："朋友，要是火柴在你的衣袋里烧起来了，那么你应当高兴，而且感谢上帝，多亏你衣袋里不是火药库。要是你手指头扎了一根刺，那你应当高兴，挺走运，多亏这根刺不是扎在眼睛里……"美好的精神家园，不妨用幽默去构建！

❂ 以幽默提升能力

幽默作为一种激励艺术，在日常的交往中有着重要的作用。富有幽默气质的领导、主管，很容易聚集一批为他效力的员工，主管的幽默会化解许多尴尬，维护员工的自尊。

美国历史上的许多重要人物，如林肯、罗斯福、威尔逊等，都是善于运用幽默艺术的代表。

有一次，林肯与一位朋友边走边交谈，当他们走至回廊时，仪仗队早已等候多时，准备接受总统训话的士兵齐声欢呼起来，但那位朋友还没有意识到自己应退下。这时，一位副官走上前来提醒他退后八步，这位朋友才发现自己的失礼，顿时涨红了脸，但林肯立即微笑着说："白兰德先生，你要知道也许他们还分辨不清谁是总统呢！"就这么一句简简单单的话语，立刻打破了现场的尴尬气氛。

人应该善待自己，善待他人，善待生活中的失败、痛苦，甚至身体的缺陷，如果你换个角度去看，用有趣的思想，轻松的心态去对待，那么你的生活就会充满亮色，你本来忧郁的心情就会变得明朗。

美国一位肥胖的女政治家在竞选演讲中自我解嘲："有一次我穿上白色的泳装在大海里游泳，结果引来了苏联的轰炸机，他们以为发现了美国的军舰。"结果在笑声中，选民反不以其肥胖为碍，使她在竞选中处于优势。

从管理的角度看，幽默不只是孩童的把戏，开心的笑脸，它和提高生产效率应该是相辅相成的。竞争的加剧、经济的动荡使企业员工面对着超乎寻常的压力。对公司而言，如何保持员工的士气，同时又能激发他们的创造性和"突破桎梏的思维"比任何

上篇　幽默口才提升做人品位

时候都重要。

运用幽默进行管理,管理者往往可以取得很好的效果。据美国针对1 160名管理者的一项调查显示:77%的人在员工会议上以讲笑话来打破僵局;52%的人认为幽默有助于其开展业务;50%的人认为企业应该考虑聘请一名"幽默顾问"来帮助员工放松;39%的人提倡在员工中"开怀大笑"。一些著名的跨国公司,上至总裁下到一般部门经理,都已经开始将幽默融入到日常的管理活动当中,并把它作为一种崭新的培训手段。

幽默还可以使人与人之间的关系变得融洽,使公司的内部矛盾得以化解。经济的衰退使公司不得不面对裁员问题时,还可以利用幽默化解裁员过程中可能出现的各种风险。美国欧文斯纤维公司曾在新世纪之初解雇了40%的员工,考虑到可能由此而引发的种种问题,该公司管理层聘请了专门的幽默顾问,利用两个月的时间对1 600多名员工施行了幽默计划,在公司内开展了各种幽默活动。结果,公司所担心的聚众闹事、阴谋破坏、威胁恐吓、企图自杀等可怕后果都没有出现。

人都喜欢与幽默的人一起相处,在西方,没有幽默感的男人,简直就是没魅力、愚蠢的代名词。幽默的主管比古板严肃的主管更易于与下属打成一片。有经验的主管都知道,要使身边的下属能够齐心合作,就有必要通过幽默使自己的形象人性化,那么怎样才能使自己成为一个幽默的主管呢?

博览群书,拓宽自己的知识面显然是必不可少的。知识积累得多了,与各种人在各种场合接触时就会胸有成竹,从容自如。除此以外,还需培养高尚的情操和乐观的信念。一个心胸狭窄、思想消极的人是不会有幽默感的,幽默属于那些心宽量大,对生活充满热忱的人。另外,提高观察力和想象力,要善于运用联想和比喻。作为一名企业主管，要有意识地训练自己对事物的反应速度和应变能力。多参加社会交往，多接触形形色色的人，增强社会交往能力，也能够使自己的幽默感增强。幽默作为管理者的一种优美、健康的品质，恰如其分地运用会激励员工，使之在欢快的氛围中度过与你相处的每一天。

当然，幽默是一种创造性的本领，要随机应变，根据对象、环境以及刹那间的气氛而定，但也需注意以下技巧：一是不要随意幽默。幽默并不是随时随地都可以运用的，应在某些特定的场合和条件下发挥幽默。例如，在一个正式的会议上，当你的下属在发言时，你突然冒出一两句逗人的话，也许大家被你的幽默逗笑了，但发言的那位下属心里肯定认为你不尊重他，对他的发言不感兴趣。二是幽默要高雅才好。三是不幽默时无需硬要幽默。如果当时的条件并不完备，你却要尽力表现出幽默，其结果必定是勉为其难，到底该不该笑一笑呢？这会令彼此陷入更尴尬的境地。

以幽默磨炼意志

在漫长的人生道路上，每个人都难免与逆境狭路相逢。很多人畏惧逆境带来的动荡和痛苦，但从长远来看，时常有些小挫折，倒是更能使人保持头脑清醒，经受得住考验，也更能磨炼人的意志。

幽默的人相信失败是成功之母。失败和成功在一定条件下是可以相互转化的，正因为曾经有失败，所以才能在不断总结失败的教训后获得成功。如果一个人一直都被成功包围，那么，偶尔

上篇　幽默口才提升做人品位

一次小小的失败对他来说可能就是一次相当残酷的考验，失败可能就会如影随形。

幽默中渗透着坚强的意志。有幽默感的人往往是一个奋力进取的弄潮儿。他们面对失败的打击、恶劣的环境，能够抱着幽默的态度，从而做到自强不息。发明家爱迪生就是一个善于以幽默的态度对待失败而又不断进取的人。

爱迪生在发明电灯的过程中，试验灯丝的材料失败了1 200次，总是找不到一种能耐高温又经久耐用的好金属。这时有人对他说："你已经失败1 200次了，还要试下去吗？"

"不。我并没有失败。我已经发现1 200种材料不适合做灯丝。"爱迪生幽默地说。

爱迪生就是以这种惊人的幽默力量，从失败中看到希望，在挫折中找到鼓舞。这就是这个伟大的发明家百折不挠、硕果累累的诀窍。有时候，面对失败，我们的意志和信心可能会滑坡，而适时的幽默可以帮助我们避免这一点。

有人打网球打不过他的朋友，他就可以幽默地对他的朋友说："我已经找出毛病在哪里了，我的嗜好是网球，可我却到乒乓球俱乐部里去学习。"

他也可以说："咱们打个平局，怎么样？我不想处处赶上你，你也别想超过我。"

这种幽默不是自欺欺人，也不是要我们像鸵鸟一样在看到危险的时候把头埋进沙子里，这种幽默可以有效地防止我们的意志滑坡，还能在会心一笑中拉近我们与他人的心理距离。

幽默有什么禁忌

幽默以其巨大的功能遍及不同的语境，它能够使人乐于接受真理，有助于人际关系的融洽，还能够化尴尬为轻松，使批评获得良好的效果。但是幽默也要注重时间和场合，还要看准对象，切忌随意幽默。

如果幽默使用的时间和场合不对，不仅不能达到预期的效果，还会引起别人的不快。

一位漂亮的夫人站在丈夫的坟前伤心垂泪，这时一位陌生男子走了过来。他说："夫人，对于您丈夫的不幸亡故我深感痛惜，对于您的不幸遭遇，我深表同情。不过我不得不告诉您，当我一见到您，我就深深地爱上了您。"

夫人说："住嘴，流氓！你给我滚开，不然我要叫警察了。"

而另外一位陌生人温柔地说："您千万别生气，夫人，我本不想在这个时候打搅您，更不该在这个时候表露我的心意。但是时机不再来，谁能在您的美丽面前自持呢？"

这位夫人佯嗔说："现在是谈情说爱的时候吗？你应该在我没哭的时候来找我呀！地址在这里。"

这一波三折的趣剧演到这里时已经告诉了我们，不论你多么风趣幽默，如果没有弄清楚时间和场合，别人不但不会被你打动，还会带来反效果。

幽默除了要把握好时间和场合之外，还有国度之别，受民族、

上篇　幽默口才提升做人品位

时代、审美心理及历史文化传统等条件的制约。

法国巴黎的市场里有一位卖肉的商人，生意特别好，原因是他性格开朗，言语幽默。

他卖肉时嘴里总是亲切地说个不停。

"您好，年轻人！吃点什么？来点烤肉还是小牛肉？我看还是吃点小牛肉好，又嫩又香，吃了小牛肉的男人会特别健壮，您说呢？"而被他称为"年轻人"的先生是一位60多岁的老人。一听到他这样亲切的称呼，心里自然高兴起来。这一笑似乎脸上的皱纹都平展开来，也就买了很多小牛肉。

试想，这位商人如果在中国做生意也用这种方式，那这位被称为"年轻人"的老人一定会怒目相向，拂袖而去。

幽默还要分清对象，对自己身边的人或者比较亲近的人，开几句玩笑往往无伤大雅。但如果是在对方年龄或者身份比自己高的情况下，如长辈、上级或者专家等，那么就一定要慎重考虑幽默的话语和方式，否则是极其不礼貌的行为。

此外，幽默还要注重性别、性格等差异。如与男性开玩笑，空间大、尺寸也好掌握；而对女性，特别是妙龄女性，一定要特别注意，不要引起别人的反感或者误会。对性格外向的人和性格内向的人，也要有所区分。

第 4 章
幽默的心态

人的一生不可能一帆风顺，不可能事事顺心，不可能没有苦难，也不可能远离尘世。幽默左右心态，心态决定成功。用幽默使自己乐观、豁达，让烦恼和苦闷离你而去；用幽默来激发你的思维活力，使生活多一份味道；用幽默调节你的心绪，帮助你战胜困境、超越自我、走向成功。

幽默是灰心丧气的克星

生活中令我们灰心丧气的事情很多，比如，早上没有赶上班车或者没有挤上电梯，这些看似微不足道的小事都有可能令我们烦闷一整天。而烦恼对于想要寻求快乐的人来说，是很危险的情绪，稍不留意，它就可以将我们拖向精神崩溃的深渊。因此，聪明的人不能不思考解脱之道。

幽默可以改变我们灰暗、消沉的心境，帮助我们找回自信、激情和兴致，使我们精神爽朗、心情舒畅。幽默的力量在于调节，它能在领悟全部人生内涵之后，创造新的气氛，以带来心理平衡。

上篇　幽默口才提升做人品位

　　美国著名的剧作家考夫曼，20多岁的时候就挣到了一万多美元，这对于当时的他来说是一笔巨款。为了让这一万多美元产生效益，他接受了自己的朋友、悲剧演员马克兄弟的建议，把一万多美元全部投资在股票上，而这些股票在1929年的经济大萧条中全部变成了废纸。但是，考夫曼却看得很开，他开玩笑似地说："马克兄弟专演悲剧，任何人听他的话把钱拿去投资，都活该泡汤！"

　　面对这么一大笔损失，考夫曼没有怨天尤人，而是运用了假托埋怨、苦中作乐的方法面对痛苦和困境，不失为一个乐观豁达的智者。

　　有时候痛苦会突如其来，危险会从天而降，这个时候你是否有苦中作乐的从容心态呢？

　　迈克先生用攒了好几年的钱好不容易买了一辆汽车。有一次，他教太太开车，车下坡时，刹车突然失灵了。

　　"我停不下来！"太太尖声大叫，"我该怎么办？"

　　"祷告吧！亲爱的。"迈克先生也大叫，"性命要紧，不过你最好找便宜的东西去撞！"

　　车撞在路旁的一个铸铁垃圾箱上，车头撞坏了。然而他们爬出车子时，并没有为损失了一大笔财产而沮丧，反而为刚才的一段对话大笑起来。目睹此事的行人以为他们疯了，或者就是百万富翁在以离奇的方式寻找刺激。有人走过来问："你们想把车子撞坏吗？"迈克先生说："我太太看见了一只老鼠，她想把它压死。"

　　虽然迈克先生和他的太太撞坏了昂贵的汽车，但是他们却获得了更大的财富。幽默可以让人在危难之时变得豁达和从容,幽默产生的时刻,也正是人的情绪处于坦然开放的时刻。幽默还能帮助别人和自己从烦恼中解脱出来,深具幽默感的人,能够将别人心中的阴霾一扫而光。

一个日本旅游团在我国南方某省旅游,时值梅雨季节,他们觉得很扫兴,然而幸运的是他们遇到了一位善解人意,风趣幽默的导游。导游在车上说:"你们把雨从日本带到了中国,可雨在车外;你们把日本的太阳也带来了,它就在车厢里。"妙语一出,掌声一片。其中有位老妇人游武夷山时,由于裙子被蒺藜划破,泄气地坐在了地上。"老人家,您别生气,"导游和颜悦色地说,"这是武夷山有情,它请您不要匆忙地离去,叫您多看几眼呢!"这话疾风般吹散了老人家脸上的愁云,使她重新恢复了游兴。

我们都熟悉那个永远乐呵呵的大肚弥勒佛,他的信条是:大肚能容,容天下难容之事;笑口常开,笑世上可笑之人。我们应该学学这位乐观的智者,在我们遇到烦恼的时候,不妨笑一笑,来点幽默,不要把它看得太严重。

幽默可以减轻病痛

说幽默可以减轻病痛,也许你认为有点夸张,不过据美国芝加哥《医学生活周报》的报道,美国一些医院已经开始雇佣"幽默护士",陪同重病患者看幽默漫画及谈笑,把它作为心理治疗的方法之一。因为幽默与笑声,往往可协助病人解除一些病痛。

上篇　幽默口才提升做人品位

在实际生活中，当你患病、住院或遭受意外伤害时，幽默的确能够帮助你减轻痛苦。即使在最简单的情况下，幽默也能够帮助你改变生病时的烦闷心情。这一点你可以向下面这位生病的老妇人学习。她在幽默的诉说中减轻了自己的痛苦，也宽慰了朋友。

有一位老妇人在雪地上滑了一跤，不但左臂骨折，更让她痛苦的是肩关节脱臼。但她还是能够笑着对朋友说："如果你有机会滑跤，宁愿跌断手臂，也要护住你的肩膀。"

的确，疾病对人造成的打击并不小，但一个有超脱、潇洒生活态度的人却不会因此而失去生活的希望和欢乐。

幽默和笑是密不可分的，"笑"是幽默的产物。自古以来我国就有这样的谚语"笑一笑，十年少"，"笑口常开，百病不来"。有这样一个故事，正印证了这些谚语：

古代有一位巡抚，长期患有忧郁症，看了许多医生，都未见效。一天他因公坐船经过山东台儿庄，忽然犯了病，地方官员即推荐一名当地有名的老医生为他治疗。医生诊脉后说："你患了月经不调症。"巡抚一听，顿时大笑，以为他是老糊涂了。以后他每想起此事，就要大笑一阵，天长日久，他的病竟自己好了。过了几年，这位巡抚又经过台儿庄，想起那次有病之事，特意来找老医生，想取笑一番。老医生说："你患的是忧郁症，无什么良药可治，只有心情愉快，才能恢复健康，我是故意说你患了'月经不调症'，让你常常发笑。"

人们常说"病由心生"，看来心情不好确实能够影响健康。

最新的医学研究也发现，笑口常开也可以防治传染病、头疼及高血压等病，可以减轻过度的压力。因为幽默的笑声，可以增强血液中的氧分，并刺激身体的内分泌，对抵抗病菌的侵袭有很大帮助。而不爱笑的人，患病几率较高，且一旦生病之后，也常常是重病。

美国作家卡森斯曾担任《星期六评论》杂志的编辑。他长期日夜操劳，患了一种严重的病，这种病的症状是身体虚弱，行动不便，痛苦万分。虽然多方求医，但收获甚微，不少名医诊断其为不治之症。

后来，卡森斯听从了一位朋友的劝告，在除了必要的药物治疗外，决定采用一种奇特的幽默疗法。他搬离了医院，住进了一家充满欢乐气氛的旅馆，常常看到一些幽默风趣的喜剧片，和一些风趣幽默的朋友进行交谈，听人们讲一些幽默故事，使自己整天都处于一种轻松欢快、无忧无虑的状态，每天都出声笑上好一阵子。卡森斯发现，一部10分钟的喜剧片可以带给他两个小时无痛苦的睡眠。他还惊喜地发现，笑可以减轻发炎症状，而且这种"疗法"可持续很久。与此同时，他还辅以适当的营养疗法。几个月后，奇迹出现了，卡森斯居然恢复了健康。

卡森斯总结自己战胜病魔的经验时，开出了一张"幽默处方"，并风趣地取名"卡森斯处方"。其中有这样一些内容：

"请认清每个人都有内在的康复功能这个事实。利用笑制造一种气氛，激发自己和周围人的积极情绪。发展感受爱、希望和信仰的信心，并培养强烈的生存意志。"

这一处方的核心是以笑来激发生活的力量、生存的意志、康复的能力，进而增强精力，战胜疾病。

上篇　幽默口才提升做人品位

生活经验和科学研究都证明，身体健康的重要保证是"心乐"。有健康的心理，才会有健康的身体。幽默常在，精神开朗，身体就容易康复；反之，如果忧愁悲伤，萎靡不振，疾病就会乘虚而入。

附：《祛病歌》

人或生来气血弱，不会快乐疾病作。

病一作，心要乐，心一乐，病都祛。

心病还须心药医，心不快乐空服药。

且来唱我快乐歌，便是长生不老药。

故作精细"幽"一把

生活中有些模糊之处，本不需要精细，比如每天吃多少粒米饭，每天走多少步等，这些事情要是也精细统计起来，就显得十分可笑了。故作精细就是在无须精确计算之处，却用非常精确的数字表达，或者应该模糊之处却作了精确划分。

有一个从未管过自己孩子的统计学家，在妻子要外出买东西时，勉强答应照看一下四个年幼好动的孩子。当妻子回家时，他交给妻子一张纸条，上面写着：

"擦眼泪11次；系鞋带15次；给每个孩子吹玩具气球各5次；每个气球的平均寿命10秒钟；警告孩子不要横穿马路26次；孩子坚持要穿过马路26次；我还想再过这样的星期六0次。"

统计学家很精确，因为如果不精确，他的科学研究就无法进行。可是"精确"成了他的习惯动作，成了他的职业病，所以，即使是在看小孩子这样的"非科研问题"上，也要进行精确统计，这不仅不协调，也十分可笑。

比尔违反制度，上班时间去理发，恰巧被经理发现。
经理说："我看见你上班时间在理发。"
"是的，先生。"比尔平静地说，"可头发是在上班时间长的呀。"
"不全是这样。"经理说，"有些头发不是上班时间长的。"
"先生，您说得好。"比尔客气地说，"所以我只剪掉了上班时间长的那部分，而业余时间长的还留在头上没剪掉呀！"

比尔平时肯定是个松松垮垮、很不严谨的人，但是他在这场论辩中却很严谨，很精细。经理的口才实在不高明。比尔说头发是在上班时间长的，本是一句诡辩，经理没有及时指出其谬误，反倒顺着谬误的思路走下去，说有些头发不是上班时间长的。这下可给比尔抓住了话柄，比尔以此推理，精细划分：有些头发是上班时间长的，那么另一些就是业余时间长的，而我只剪掉了上班时长的头发，业余时间长的都留着呢。

比尔把头发分为上班时间长的和业余时间长的，以此来为自己辩护，精细之中见出其论辩的智慧和幽默。

幽默是一颗"开心果"

幽默是一种才华，是一种力量，或者说是人类面对共同的生活困境而创造出来的一种文明。它以愉悦的方式表达人的真诚、大方和心灵的善良。它像一座桥梁拉近人与人之间的距离，填平

上篇　幽默口才提升做人品位

人与人之间的鸿沟，是奋发向上者和希望与他人建立良好关系者不可缺少的东西，也是每一个希望减轻自己人生重担的人所必须依靠的"拐杖"。

当一名自然人生活在社会中时，就会自觉不自觉地变成一名社会人，这并非决定于你的意愿。固然，幽默的力量不会使你长高或变瘦，不会帮你付清账单，也不会帮你干活，但它的确能帮助你解决人际关系中的种种难题。当你希望成为一个能克服障碍、赢得他人喜欢和信任的人时，千万别忽视这股神奇的力量。因为，幽默是你进行社交，进行沟通的桥梁，是一颗随时随地让你开怀的"开心果"。

社交场合，正是幽默力量最活跃的时刻。一些夫妇懂得这样的诀窍，在赴宴迟到的情况下，夫妇间可以互相推诿，指责对方有责任，例如妻子衣服换了一件又一件，丈夫走了弯路了，等等。但是如果把角色对换一下，就会取得更好的具有幽默性的效果。

例如，妻子说："对不起，我们来迟了。都怪他，照镜子就花了一个小时。"原本有些尴尬的局面在这位妻子的幽默言语中消失不见了。

发挥你的幽默智慧吧，平息怒气、消除争端、摆脱困境。例如，要平息餐桌上的争论，你不妨这样来说："不要吵了。该不会是刚吃下的鸡在作怪吧？那可不是斗鸡。"有时为了达到目的，非得用幽默的力量刺激他人不可。

作家欧希金在他的《夫人》一书中提到，一天晚上，芙蓉制品公司的大亨鲁宾斯坦女士在家里宴请宾客。席间一位客人不断地批评她说她的祖先烧死了"圣女贞德"。其他客人听了都不舒服，几次想让他换个话题都没成功。谈话越来越令人难以容忍。最后鲁宾斯坦女士自己说:"好吧,那件事总得有人来做。"

现代社会生活中,一个人的社交活动已经扩展到了无所不及的范围。从某种程度上可以说,凡是有人生活的地方,就有社交活动。同样,凡有社交活动的地方就少不了幽默和幽默力量,幽默俨然已经成为我们生活中不可缺少的一部分了。

上篇　幽默口才提升做人品位

第5章
幽默的力量

　　与世界上所有的力量一样，幽默的力量也不是万能的。可是，幽默的力量对你的生活确有实实在在的帮助。它帮助你以新的眼光看待周围的环境和个人的生活，帮助你正视并恰当地估计和应付那些困扰你的难题，帮助你同他人的关系充满温暖与和谐，帮助你把许多的不可能变为可能……

☺ 保持一颗平常心

　　现代社会环境瞬息万变，速度效率急剧加快，因而现代人时常感受到一种莫名的心理压力和焦虑，而幽默是最好的"减压阀"。它不仅能使你的心情变得轻松愉悦，谈笑风生，笑口常开，而且有助于你在交际中左右逢源，事业成功。不少有眼光、有见识的公司经理、董事长，都喜欢选用那些能自我解嘲、改善环境、创造欢乐气氛的人。因为这些人容易取得人们的信任，人们也就乐于接受他们的看法和他们推销的产品。

　　英国著名的天文学家詹姆斯·布拉法莱，被任命为英国格林尼治天文台台长时,英国女王看他的薪水低,要给他增加薪水,他恳求说:"如果这个职位可以带来大量收入,那么以后担任这个职位的将不再是天文学家了。"

这句不乏幽默、语重心长的话语,是这位科学家数十年饱经沧桑的阅历的总结,他目睹了人间无数的兴衰荣辱,研究了金钱对人们的腐蚀,才得到了这个有趣的、富有哲理性的结论。

意大利著名作曲家罗西尼听人说,他的一批有钱的爱慕者准备在法国为他建一座雕像。感动之余,他问道:"他们准备花多少钱?"

"听说是一千万法郎吧。"

"一千万法郎,"罗西尼大为吃惊,"如果他们肯给我五百法郎,我愿意亲自站在雕像的底座上!"

从上述两个例子来看,詹姆斯·布拉法莱的幽默,似乎对英国格林尼治天文台台长的职位很看重,而罗西尼的幽默又貌似看重五百法郎,实际上都表达了天文学家和作曲家对职位和雕像的"淡漠态度"。正是出于对金钱的轻视,布拉法莱才会有这等幽默;同样,如果罗西尼没有这样的谦恭,而是对用一千万法郎做雕像欣喜若狂,也绝不会如此这般幽默的。

对成绩和荣誉泰然处之

许多很有成就的人物都用他们的幽默语言,泰然对待荣誉,

上篇　幽默口才提升做人品位

被传为佳话。

　　有人问作出过不平凡业绩的林肯对于当总统的感受。林肯说："你一定听说过一个故事，有个人被全身涂满焦油并且插上羽毛，然后装到火车上被运往外地。人们问他感觉如何，那个人说要不是为了这事的荣誉，我宁愿下车步行。"

　　美国著名小说家福克纳在1949年获诺贝尔文学奖时的演说中说道："我感到这份奖金不是授予我个人而是授予我的工作的——授予我一生从事关于人类精神的呕心沥血的工作。我从事这项工作，不是为名，更不是为利，而是为了从人的精神材料中创造出一些从前不曾有过的东西。因此，这份奖金只不过是托我保管而已。为这份奖金的钱找到与奖金原来的目的和意义相称的用途并不难。但我还想为奖金的荣誉找到承受者。"

　　女友到居里夫人家做客，忽见她的小女儿正拿着英国皇家协会刚颁给她的一枚金质奖章玩，不禁一惊，忙问："居里夫人，这样一枚极高荣誉的奖章，你怎么能给孩子玩呢？"居里夫人却笑了笑说："我是想让孩子们从小就知道，荣誉就像玩具，只能玩玩而已，绝不能永远守着它，否则就将一事无成。"

　　这正体现出契诃夫说的："对自己不满足，是任何真正有天才的人的根本特征。"

　　鲁迅先生也曾说过一句名言："哪里是什么天才呢，我连别人喝咖啡的时间都要用在我的工作上。"

　　这些名人、伟人，由于他们都以幽默的力量、淡泊的态度来对待自己的荣誉，故他们的形象在人们的脑海里是不能磨灭的。

许多成功者对荣誉也能以幽默的心态泰然处之。

黄先生在一家大企业负责秘书科的工作,颇有成绩。前不久,他所在的公司与另一公司合并,而他却在人事变动的波浪中沉浮不定。新的同事对他了解不多,因此同事之间冷淡如水。直到有一天,黄先生运用了幽默的力量,才改变了人际关系。他说道:"他们不敢把我革职。"接着,他又解释说:"因为凡事我都远远落在人后。"听着,大家都开怀地笑了。就这样,黄先生对自己过去的成绩和荣誉泰然处之,仍取笑自己,使新同事和他一起笑,帮助他与同事们建立友善、合作的关系。

☺ 幽默助你排忧解难

幽默,最重要的是帮助我们解除工作中的紧张状态,帮助解决生活中的难题。

在一个大城市的市郊,有一个颇具规模的化工厂,他们终年生产一种化学产品,从烟囱里排出了大量的烟和灰尘,使临近的几家企业饱受烟和灰尘之苦。在一次他们接连加班生产的时候,隔壁一家工厂的厂长半开玩笑地说:"他们生产这么忙,如何处理这些烟和灰尘呢?"化工厂的厂长也半开玩笑地说:"我们打算将烟筒加高二分之一,与此同时,我将还向包装厂订制一个特大的塑料袋,并用直升机把袋子吊到烟囱的上空罩下来。"两位厂长各带幽默的话语,使他们互相取得了谅解,一道哈哈大笑起来,紧张的心情便渐渐地舒展开来了。

上篇　幽默口才提升做人品位

当我们跟别人开玩笑，同别人一同笑的时候，我们就通过幽默在互相之间进行了交流。我们应当把轻松愉快、诚恳坦率、同甘共苦的态度送给他们。只要我们稍稍留意，就会发现我们的工作中存在着许多不易为人察觉的幽默故事。在工作中，有时我们需要肯定地坚持自己的观点，过分的忍耐对工作并没有好处，所以除了知道息事宁人之外，在某种情况下适当地抱怨几句，对解决问题更有利，特别是你心中憋着一大堆话时，更不要忘记采用幽默的方式。

职工、师生抱怨食堂伙食差，还有人骂了食堂负责人，可这位负责人风趣地说："耶稣用五个饼和两条鱼就能让众人吃饱，真不可思议，可我们这里每天有30种菜，5 000斤米饭，1 500个包子，现在不知都到哪里去了。"

著名导演希区柯克在执导一部影片时，有位女明星老是向他提出摄影角度问题，她左一次右一次地告诉希区柯克，一定要从她最好的一侧来拍摄。"很抱歉，我做不到！"希区柯克回答，"我们拍不到你最好的一侧，因为你把它放在椅子上了。"在场的人都笑弯了腰。

上级与下级之间的幽默交流应当有利于工作的进展，否则就是无聊的玩笑了。明智的人是会注意将幽默引向促进工作的轨道上的。这样的例子层出不穷：

"我们的销售量在图表中上升到了前所未有的高度，不过这图是倒过来看的。"销售科长说。

"秘书说我这个人过于固执。因为我说过每个字只能有一种写法。"秘书科长感叹道。

发挥幽默的力量去鼓励别人，帮助他们取得更大的成就，你可以把重大的责任托付于人，减轻你的负担，以便你更主动、更自由地发挥你的创新精神，在事业上有所建树。

幽默替你减轻痛苦

以轻松的态度面对自己，以严肃的态度面对人生。如果反其道而为之，我们就有烦恼了。不成熟的个性常常在于视自己为人际交往中的核心，而成熟则伴随着视自己和群体有合适的关系。

20世纪50年代有一个相声，说的是有一个人患了盲肠炎，医生给他开刀，把盲肠割去了。患者伤痊愈后，小腹仍时时作痛，经检查，原来是医生把手术剪刀留在里面了，于是重新开刀。事后，病人仍感腹中胀气，经检查，原来是纱布又遗忘在腹中了，遂又开刀。于是，病人对医生说："你还不如在我的肚子上装个拉链更方便！"

要化痛苦为幽默，关键在于进入一种假定的没有生理痛苦的境界。有了这一点，一切不相干的东西会因一点相关之处而突然变得一致了。

当然，幽默医治的范围不仅仅限于生理上的痛苦，有时可以

上篇　幽默口才提升做人品位

是心理上的痛苦。如果能把心理的痛苦忍住，则不难把不相同的东西扯到一起，甚至合二为一，使之产生谐趣。

通常人们在痛苦的环境中之所以很难幽默起来，究其原因，主要有两点。

第一，幽默要求人们忘却眼前现实的严峻性，而这是违反人的基本特性的，即使是假定性的忘却，也是很困难的。

第二，幽默要求人们把性质不同的东西不动声色地混同起来，哪怕是口头上混同起来，而这也是很困难的。

人们学会讲话和思考的基本法则，就是把不同的事物概念和语言区别开来，而幽默似乎要把人们日常语言和思维搞乱了才成。

如果你不能服从于幽默的谈吐和思维的规范，那么你就只能把自己关在幽默的大门之外。

☺ 幽默使你更健康

每个人的生活，都不是一帆风顺的。因此遇到痛苦、挫折也是常有的事。众所周知，一些带普遍性的社会性问题，如物价上涨、交通拥挤、煤气不足等，会使人感到焦虑和不安。此外，我们自身也有一些难以解决的问题，例如青年人感到青春易逝；中年人工作、家庭负担重，健康状况成问题；老年人无人照顾，同青年人有代沟，内心有孤独感。如果我们能很好地使用幽默的力量，就可以明白你所忧虑的事情，并不一定是人生路上最大的事。

我国有一句谚语"笑一笑，十年少"。可见，笑对于人类有益无害。幽默，作为笑的媒介，会引起人们发笑。

如有一篇名为《挤车的诀窍》的讽刺小品，写得风趣又不浅薄，让我们来欣赏其中精彩的片断。

尽管车辆增加，修建地铁，扩展环行路……可哪里赶得上人生得快！于是，上下班乘车，就成了一门"学问"。

先说上车，车来时，上策为"抢位"——犹如球场上的"抢点"。精确计算位置，车门停在身边，可收"先据要津"之利，当然，必须顶住！此中诀窍：上身倾向来车方向，稳住下盘，千万莫被随车涌来的人流冲走（好在你身后还有助力之人）。中策则为"贴边"。外行正对车门，拥来晃去，枉费心力。尤其是北京不同于外地，哈尔滨上车是"能者为王"，上海人多少顾及颜面，但动辄大呼小叫，使你无心恋战。北京人又要讲点风格，又要赶紧上车，车门前便非好去处。你是否注意过：售票员洗车，从来无须擦车门两旁——那里全被精明的挤车人蹭得干干净净了！贴住边，扮出一副泰然自若的样子，一点一点把"无根基"者拱开，只要一抓住车门，你就赢了。下策呢，可称"挂搭"。一般人，见车门内外龇牙咧嘴之惨状，早已退避三舍了。司机呢，只要车门关不上，也不敢贸然开车。这时，你将足尖嵌入车门（万勿先进脑袋），而后紧靠门边，往里"鼓拥"，自可奏效……

看到这段话，凡挤过车的人都会捧腹大笑。作者观察仔细，对各地的风情了解得清清楚楚，使阅读的人身临其境，遣词造句既得体又幽默风趣，使人既了解北京的挤车之难，又能以轻松的心境对待之，消除忧患，实在是巧妙。

多数人都感觉到年龄渐长等问题，也是难以解脱的烦恼，让我们看看应怎样用幽默来对待这个难题。

著名演说家罗伯特说："我争取在最年轻的时候死去。"他

上篇　幽默口才提升做人品位

不论在私下还是在公共场合，都把年龄看得很轻，以一颗年轻并富有趣味的心而出名。因此，在他70岁生日那天，他还签了一个为期5年的演讲合同。

幽默就是这样，让人心胸开阔，延年益寿。

☺ 幽默能够大事化小

法国哲学家伏尔泰有一个很忠实的小仆人，可他有点懒惰。

一天，伏尔泰对他说："儒塞夫，去把我的鞋拿来。"仆人赶忙殷勤地把鞋拿来了。伏尔泰一看惊呆了：鞋上仍然布满昨天出门时沾的泥迹尘埃！

他问道："你怎么早晨没有把它擦擦？"

"用不着，先生。"儒塞夫平静地回复，"路上尽是泥泞污浊，两小时以后，您的鞋不又要和现在一样脏吗？"

伏尔泰微笑着走出门。仆人在他身后跑步追了上来："先生慢走！钥匙呢？"

"钥匙？"

"对，食橱上的钥匙。我还要吃午饭呢。"

"我的朋友，吃什么午饭呢，两小时以后你也将和现在一样饿嘛！"

仆人对主人服务不周，当然会引起主人的不快，主人往往会训斥仆人。然而，伏尔泰却以微笑和幽默对待此事，将不愉快之事变得轻松，而且使仆人在笑声中得到教育。伏尔泰真可称得上是幽默大师。

将事情化小，确实是日常生活中运用幽默力量的好方法。面对生活中可能引起麻烦的事情，我们借助于幽默，共同欢笑一场，就能把这麻烦放到适当的位置而不至于过分忧虑和不悦。以轻松的态度对待麻烦，共享欢乐会使麻烦同整个生活相比后变得不那么重要。

伏尔泰就是这样，以幽默来对待生活中不顺心的事。在生活中，如果人们能常以幽默来对待各种事情，如在寒冷、炎热、潮湿的令人难熬的日子里，说上几句逗人开怀的笑话，肯定能振作大家的精神。

生活是丰富多彩的，只要我们的想象力和创造力不被一些框框所束缚，就能借幽默的力量，给生活注入兴奋剂。

幽默能揭示丑恶现象

幽默有一个特殊的功能——讽刺丑恶现象，这就是"匡正时弊"法。

古往今来，封建迷信坑了不少人。有一些对联以幽默诙谐的语言，进行讽喻、劝诫，读后令人捧腹！下面试举几联。

某座财神庙里有这样一副对联："只有几文钱，你也求，他也求，给谁是好？不做半点事，朝来拜，夕来拜，使人为难！"联语以财神的口吻嘲笑了那些坐等钱财的懒汉。

杭州万松岭下也有一座财神殿，庙宇破败，财神菩萨泥土剥落，但香客依然络绎不绝。于是有人在财神殿两侧撰写了一副妙趣横生的对联："我若有灵，也不致灰土处处堆，筋骨块块落；

上篇　幽默口才提升做人品位

汝休妄想，须知道勤俭般般有，懒惰件件无。"

即使在今天，我国改革开放深入发展的形势下，由于旧社会遗留下来的种种弊端尚未根除，也产生了一些丑恶现象。因此，运用"匡正时弊"法的幽默技巧来揭露、鞭笞这些丑恶现象，仍显得十分必要。

如石河先生把某些名片称之为"明骗"：

无声唱片，特种炮弹——谁想成名，它能包办：要挂多高的衔，就挂多高的衔；要当多大的官，就当多大的官；要发多肥的财，就发多肥的财；要露多红的脸，就露多红的脸。名片——明骗，小纸一张，威力无限。

杨翰端先生的"贬值谣"把大锅饭中的怪现象讽刺了个够：

年过四十算"青年"，短训三月算"大专"，工龄熬满算"教授"，照书抄录算"考卷"。领导拒贿算"新闻"，退出占户算"模范"。质量低劣算"名优"，不骂顾客算"笑脸"。唱个歌儿算"歌星"，拉笔赞助算"导演"，乱凑词语算"诗人"，挂个虚名算"主编"。两篇短文算"作家"，别人配音算"演员"，戴顶帽子算"著名"，出本庸书算"经典"……休道贬值处处有，难得糊涂闭只眼，你好我好他也好，最香还是大锅饭……

人们对种种不合理的社会现象，为什么要用幽默的"匡正时弊"法加以讽刺鞭笞呢？主要是因为人们对此恨之已极，深恶痛绝，直接抨击或咒骂已难解心头之恨，于是"悲极生乐"，产生了通过嬉笑怒骂、讽刺打油诗等形式来宣泄情绪的方式。

幽默寓教于笑声之中

无数的实践证明，风趣幽默的批评教育，在笑声之中容易被人接受，效果也就比较明显了。说起教育，人们习惯地容易联想到那一副副正儿八经、毫无笑容的面孔，一套套令人不着要领的抽象理论，一群群昏昏欲睡的听众。其实，给人们造成这种理解和印象，完全是由于教育工作的方法失当。教育，当然是一件严肃的事情，但这并不排斥应该让受教育者发出欢快的笑声。寓教于笑声之中，是教育的有效方法。

有一个"懒师拜懒徒"的幽默，是用来教育那些游手好闲的浪子的。

一个游手好闲的浪子，只恨自己懒得不到家，颇想找一个懒店进修一番。于是，他就到处打听哪里有懒店。

一天，他打听到确有一个学懒店，便欣然前往。到了懒店门口，他屁股充作脸，退着进门去。学懒店的师傅大喝一声："吙，怎么不懂规矩，为何不把脸对着我！"浪子仍然背对师傅答道："尊师在上，容愚徒一禀：来时背对师傅，辞别时可不转身也。"师傅一听，瞠目结舌，少顷如梦初醒，拒浪子于门外曰："我可尊你为师矣。"

再举"重建阿房宫"一例，它是用来批评教育行政管理人员的水平和教育水平之低下的。

上篇　幽默口才提升做人品位

督学到一所中学巡视,与学生交谈间随口问道:"你知道阿房宫是谁烧的吗?"

学生满脸惶恐,连声说:"不是我烧的,不是我烧的!"

督学啼笑皆非,向校长指责:"贵校的学生国文程度低落,居然说阿房宫不是他烧的。"

盛怒之下,督学写了一封呈文给教育局长,禀明原委。不久,收到局长的复函说:"烧了就烧了,再拨经费重建阿房宫。"

批评,是教育工作中对各种不良现象进行斗争的武器。批评要想达到效果,就必须与人为善,就必然要讲究方式方法,讲究语言艺术。有时候,一句巧妙的幽默言辞的确能胜过许多句平淡乏味的说教。

那么,为什么幽默风趣的话语能起到教育作用呢,主要有以下两个方面原因。

首先,因为每个人都有自尊心,实践证明直截了当地当众批评某个人,绝不是好办法,它或者会引起对方的强烈反驳,找到一些理由来为自己辩护;或者会以沉默相对抗,口服心不服,并从此积怨于心。这样,批评的目的自然没有达到。所以心理学家们都异口同声地说:"不要当众斥责人。"这是很有道理的。而采用幽默式的批评方式却给了对方脸面,不会使对方产生对抗情绪。另外,由于采取的是影射而不是直说的方式,让被批评者有一个思考回旋的余地,就更能深刻地领会批评者的良苦用心。

一位年轻画家就近找到一处住房,在搬家之前,他对他的好友说:"我想把房间的墙壁很好地粉刷一下,然后在墙上画一些画。"

"你最好是先在墙壁上画画,然后再粉刷墙壁。"深知这位年轻画家水平的好友劝他说。

这位好友含蓄地表达了自己的意见,年轻的画家自然会体会、深思该如何把自己的画画好。

其次,幽默能把原来两种互不相关的事物巧妙地、出人意料地联系在一起,使人们产生惊奇之感,会发笑。人们在联想中,会意识到说话人的真正目的,从而愉悦地接受说话人的意见。

上篇 幽默口才提升做人品位

第6章
幽默的谈吐

当我们的社会广泛地拥有一种笑的能力,当每一位公民业已被笑所征服,他就置身在一种和睦的气氛中,从而真正领悟到幽默的内在含义。笑,往往有助于提升人们的理性认识和道德评价,它是知、意、情的结合,也是真、善、美的统一。讥讽的笑,经常是通过对丑的否定来间接地肯定美;而赞美的笑,是以愉快、欢悦的感情,用这种体验来肯定美。

妙词佳句,就地取材

李嘉诚不仅是一位成功的华人企业家,更是一位善于演讲的幽默大师。2004年,他在汕头大学出席"与大师同行"讲座时发表了一篇演讲,其中有一段话说的是:

最近我看到一段故事《三等车票》:在印度,一位善心的富孀,临终遗愿要将她的金钱留给同村的贫困小孩分批搭乘三等火车,让他们有机会见识自己的国家,增长知识之余,更可体会世界的转变和希望。(鼓掌)

"栽种思想，成就行为；栽种行为，成就习惯；栽种习惯，成就性格；栽种性格，成就命运"。这不知道是谁说的话，但我觉得适用于个人和国家。（欢呼，鼓掌）

我最近常常对人说，我有了第三个儿子，朋友们听说后都一脸不好意思的恭喜我。我是很高兴，我不仅爱他，我的儿子也将爱他，我的孙儿也将爱他。我的基金会就是我第三个儿子。（笑声，鼓掌）

听了这样的演讲，你会情不自禁地为演讲者擅用故事和名言制造幽默而拍案叫绝。事实上，优秀的演说家总能在演讲中穿插进故事、传说、典故、寓言，以增强演讲的幽默感和讽刺的力量，以提高演讲的生动性。

高明的演讲、交谈充满幽默，如果在一次演讲中能让听众发出几阵笑声，便能收到良好的效果。上文引用的李嘉诚三段演讲仅仅240多字，竟引起多次掌声，可见富有多么强烈的幽默感。

含笑谈真理，往往是受人欢迎的，何乐而不为呢？有人赞美笑是礼貌之花，笑是友谊之桥。著名科普作家高士其说："笑是美的姐妹，笑是善的良友，笑是爱的伴侣；笑有笑的哲学，笑有笑的文学，笑有笑的教育学。"由此可见，笑是神通广大的，生活中不能缺少舒心的、快慰的、爽朗的笑声。而幽默，能寓庄于谐，给人以轻松、优美之感，能使真理更耐人寻味。谚语说得好："笑是力量的亲兄弟。"笑，表达出人类征服忧患的能力；笑，也能增强人们的友谊、信任和联系。而幽默的笑是一种有趣的、高尚的、会心的、意味深长的笑。

在演说报告、社交谈话中，一些信手拈来的妙词佳句，就地取材的风趣言语，灵机一动所产生的富于哲理的闪光，即使演讲

上篇　幽默口才提升做人品位

者调节了节奏,也使听者解除了疲劳,既有助于深化主题,又能活跃谈话气氛。

☻ 调节气氛,缩短距离

善说者一席幽默的话语,往往既活跃了气氛,又把与听众之间的距离缩短。因此,无数事例可以证明,风趣幽默是说者和听者建立融洽关系的有效途径与手段。

由于商品经营者的过失,顾客的利益遭受损害,顾客强烈不满,消费者同经营者之间产生了很大的矛盾。

一天,乳品厂的厂长室里,冲进来一位顾客。只见他手拿一瓶酸牛奶,气冲冲地对厂长说:"这样的酸奶能喝吗?我要求赔钱,你们的售货员还不答应,岂有此理!现在,我们一起上法院论理吧!"

厂长拿过那瓶酸奶,发现其中夹杂着玻璃碎片,不禁大吃一惊。但他很快镇静下来,问那位顾客道:"请问,这酸奶您喝过没有?要是已经喝了,那咱们还是先上医院检查一下,回头再上法院吧!"

厂长这句幽默的话语,出乎那位顾客意料之外,反倒令他有点不好意思了。只见他满脸的怒气即刻消去一大半,开始平心静气地提出他的意见和建议了。愤怒、一触即发的气氛顿时变得轻松起来,双方之间的距离也开始缩短了。

这里再举一例:

在思想改造运动中,曾发生过这样一件事。由于某些基层干部作风粗暴，使一位老教授投河自杀（由于及时发现，最终被人救了起来）。陈毅同志知道后，把有关干部叫去狠狠地对他们进行了批评，要他们主动去赔礼道歉。后来，在一次老教授参加的高级知识分子大会上，陈毅同志说："我说你呀，真是读书一世，糊涂一时，共产党搞思想改造，难道是为了把你们整死吗？我们不过想帮大家卸下包袱，和工农群众一道前进，你为啥偏要和龙王爷打交道，不肯和我陈毅交朋友呢？你要投河也该打个电话给我，咱们再商量商量嘛！当然啦，这件事主要怪基层干部不懂政策，也怪我陈毅教育不够……"

陈毅同志这一席话，活跃了气氛，增强了语言的亲切感，使其中所含的批评与自我批评显得那么自然得体，易于被人接受。

放松精神，感受美感

有人说："没有幽默的语言是一篇公文，没有幽默感的人是一尊塑像。"这话是很有见地的。当今社会高效率、快节奏、信息量大，这样必然会使人的大脑容易产生疲劳。如果我们的生活多点笑声，多点幽默，就会消除人们的烦躁心理，保持情绪的稳定。说话，在某种程度上，具有一定的娱乐性。它不应该让人感到紧张、费力，而应给人以一种舒适轻松之感。

有这么一件可笑的事：

一天晚上，一位先生在马路上丢失了一只金戒指。当时路灯很暗，他无法寻找。

上篇　幽默口才提升做人品位

这位先生急匆匆地赶回家，在房间里到处找起来。他妻子问："你找什么东西？"

"我找戒指。"

"你是在家里丢掉的吗？"

"不，在马路上。"

"那你为什么要在这里找？"

"因为马路上黑，家里亮。"

幽默的谈吐往往能惹得人们捧腹大笑，然而，谈吐的风趣也能给人以美的享受。

有个大财主订了个规矩：庄稼人遇到他，都得敬礼，否则便要挨鞭子。

一天，阿凡提经过这里，碰上了大财主。

"你为什么不向我敬礼，穷小子！"大财主怒不可遏。

"我为什么要向你敬礼？"

"我最有钱。有钱就有势，穷小子，你得向我敬礼，否则我就抽你。"

阿凡提站着不动。

围观的人越来越多，大财主有点心虚，便压低声音对阿凡提说："这样吧，我口袋里有一百块钱。我给你五十块，你就向我敬个礼吧！"

阿凡提慢慢悠悠地把钱装进兜里，说："现在你有五十块钱，我也有五十块钱，凭什么非要向你行礼不可呢？"

周围的人大笑起来，大财主又气又急，一下子把剩下的五十块也抽了出来："听着，如果你听我的，那我就把这五十块钱也送给你!"

阿凡提又把这五十块钱收下,接着严肃地说:"好吧,现在我有一百块,你却一分钱也没有了。有钱就有势,向我行礼吧!"

大财主目瞪口呆。

阿凡提的故事虽然带有寓言的色彩,但他的话语的确有趣,给人以美的享受。

脱离困难,消除尴尬

幽默的谈吐常常能使局促、尴尬的场面变得轻松和缓,使双方摆脱困境,也消除了尴尬。

美国著名小说家马克·吐温有一次去某小城。临行前,别人告诉他,那里的蚊子特别厉害。到了那个小城,正当他在旅店登记房间时,一只蚊子正好在马克·吐温面前盘旋。那个职员面露尴尬之色,忙驱赶蚊子。

马克·吐温却满不在乎地对职员说:"贵地的蚊子比传说中的不知聪明多少倍。它竟会预先看好我的房间号码,以便夜晚光顾,饱餐一顿。"

大家听了不禁哈哈大笑。结果这一夜马克·吐温睡得十分香甜。原来,旅馆的职员听了马克·吐温的讲话,全体职工一齐出动,想方设法不让这位博得众人喜爱的作家被"聪明的蚊子"叮咬。

上篇　幽默口才提升做人品位

☺ 评判是非，领悟哲理

将风趣幽默运用在说话中，将人的智慧和语言技巧巧妙地结合起来，能揭示出事物的深刻含义。幽默且富有哲理的话，含不尽之意于言外，使人在欢笑中评判是非，领悟哲理，增长智慧。

一位年轻的画家拜访德国著名的画家阿道夫·门采尔，向他诉苦说："我真不明白，为什么我画一幅画只用一会儿工夫，可卖出去却要整整一年。"

"请倒过来试试吧，亲爱的。"门采尔认真地说，"要是你花一年的工夫去画它，那么只用一天，就准能卖掉它。"

门采尔的幽默话语，的确含不尽之意于言外，使人在欢笑中评判是非，增长智慧。

著名的现代航空大师西莫多·冯卡门在八旬高龄时获得了美国第一枚"国家科学勋章"。授勋仪式结束走下台阶时，冯卡门因患严重关节炎，显得步履艰难。在一旁的美国总统急忙上前搀扶他。老人向他报以感激之情，然后轻轻推开总统的手，说了一句俏皮话：

"总统先生，下坡而行者，不需搀扶，唯独举足攀登者，才求助一臂之力。"

一句幽默的话，引得众人大笑不已。这样的笑话，不仅使人感到轻松、愉快，而且寓意深刻，也能使人在笑声中领悟到其中的哲理。

中篇

幽默口才助你走向成功

幽默是一个饱含着智慧和情趣的领域,令人畅怀、回味和神往。生活中更是不能缺少幽默,幽默是生活的调味剂,幽默是人生的智慧之花。聪明的人不一定善于幽默,但是幽默的人一定很聪明。我们不能总是抱怨生活中缺少幽默,其实,只要稍微留心一下,就会发现我们无不处于幽默的佳境中。

中篇　幽默口才助你走向成功

第 7 章
工作事业中的幽默

语言是交际的工具，而幽默则是使语言蓬荜生辉的一根"魔杖"。不论你从事什么职业，不论你是一个新进人员还是熟练工种，也不论你职位的高低，幽默都能帮助你顺利地与他人沟通、交流，帮助你快速有效地与他人建立和谐的关系，帮助你解决工作中的问题并顺利渡过难关。

☺ 用幽默推销自己

现代人都懂得推销自己，虽然能力的高低是重要的决定因素，但高明的推销方法则往往是成功的关键。有些人颇具才华，但却不能给人好的印象。而有些人在自我推销的过程中加入了幽默的成分，便收到了事半功倍的效果。

有这样一个小故事：

美国有一位大学毕业生急于找到工作。一天，他跑到一家报馆自我推荐。他找到一位经理问道："你们需要一个好编辑吗？""不需要！""那么记者呢？""不，我们这里现在什么空缺也没有!"

"那么,你们一定需要这个东西。"大学生拿出一块精致的牌子,上面写着:"额满暂不雇佣。"

经理感到眼前的这位小伙子很有意思,便立刻打电话把这件事情报告给老板,随后,他笑嘻嘻地对大学生说:"如果愿意,请到我们广告发行部来工作。"

这位青年用幽默推销自己,终于打破了僵局,找到了工作。后来,他成了那家报馆出色的经理,使报纸的日销售量从5万份左右提高到30多万份。

这则小故事揭示了一个大道理:学会推销自己并非是一句空洞的说教。推销自己的过程,其实就是一次全面展示自己幽默、才学、品行、智慧的过程。这是无法临时抱佛脚去应付的。

有些时候,在面试的过程中运用幽默的技巧,可以起到画龙点睛的作用。

一位刚毕业的大学生在应聘一个工作职位时,要接受一项测试。其中有这样一道测试题——"cryogenics"是什么意思。他停下来苦思冥想。最后,这位大学生写下了他的答案:"这个单词的意思是我最好到别处去找工作。"结果,他被录用了。

想在众多的竞争者中脱颖而出,富有创意的思想加上幽默的力量是必不可少的条件,恰到好处的幽默往往能够使应聘者得到认可。创造力加上幽默的力量,可以让我们更有弹性地去处理事情。我们可以运用富有创造力的方式来达到某种目的,用它来寻求答案,有时要凭幻想来发现,在大脑里设想:"如果我这样做的话,会怎么样?"在美国,有不少求职者都是利用幽默机智取

中篇　幽默口才助你走向成功

得成功的。

美国中央情报局需要一个高级特工,通过层层严格的筛选,最后剩下两男一女。他们将面临最终的考核。

主考官将第一名男子带到一扇铁门前,交给他一把枪,说道:"我们必须确信你能在任何情况下服从命令。你的妻子就坐在里面,进去用这把枪杀死她。"这名男子满脸惊恐地问道:"你不会是说真的吧?我怎么能杀死我的妻子呢!"于是他落选了。

接着是第二名男子,主考官交给了他同样的任务之后,他先是一惊,不过还是接过了枪进了门。

5分钟过去了,没有一点动静,然后门开了,这名男子满脸泪水地走了出来,对主考官说:"我想下手,但无法扣动扳机。"自然,他也落选了。

最后轮到那位女人。

当她被告知里面坐着她的丈夫,她必须杀死他时,这位女子毫不犹豫地接过了枪,走进门去。门还没有关严,就传来了枪声。

连续13声枪响之后,又传来了尖叫声和椅子的碰撞声。

几分钟之后,一切又恢复了平静。

这时,门开了,女人走了出来,擦了擦额头上的汗水,生气地对考官说:"你们这些家伙,竟然不告诉我枪里装的都是空弹,害得我只好用椅子把他砸死了。"

不论我们面对何种突如其来的面试,只要我们勇敢镇静,用机智幽默的答案来转移话题,并且妙语连珠,便可以获得成功。一句话,自我推销要大胆,自我选择要幽默。

幽默可以拉近与上司的距离

对于许多员工来说,最大的苦恼莫过于工作努力,却得不到上司的赏识。要获得上司的赏识就要主动拉近与上司的距离,不能否认要消除与上司的距离感首先要把工作干好了,甚至做得十全十美,不能让上司觉得你是一个没用的员工。但是,只知道埋头苦干也不见得就会得到上司的赏识。美国人力资源管理专家科尔曼说过:"职员能否得到提升,很大程度上不在于是否努力,而在于老板对你的赏识程度。"那么,怎么才能脱颖而出呢?

对于上述问题很苦恼的人或者想有一番作为的人,可以试试在领导面前化严肃为风趣的交流方式,说不定效果出人意料。

一个年轻人在找工作,他来到麦当劳面试。老板问他会做什么,他说我什么都不会,不过我会唱歌。

老板说你就唱一首歌试试吧,于是他就开始唱歌了:"更多选择、更多欢笑,就在麦当劳!"

老板一听就乐了,接着问了他一些对于麦当劳有什么了解之类的问题,最后,他被顺利录用了。

上面的例子中,求职者在面试中借助了幽默的力量,他首先就以唱歌的方式说出了麦当劳的广告语,博得老板一笑的同时,获得了老板的好感。

大多数上司都是很有文化的人,想要拉近与上司的距离,就要在语言上多下一些工夫。一般来说,幽默语言的效果应该不错。

中篇　幽默口才助你走向成功

职员："经理，您实在是爱好工作的人！"

经理："我正在玩味这句话的含意。"

职员："因为您一直都紧紧地盯着我们，看我们是不是正在工作。"

职员通过与经理开玩笑，不经意中就拉近了与经理的距离，何况经理也是一个幽默的人。与上司开玩笑还要注意把握好时机。最好时刻留意能够与上司面对面谈些风趣的俏皮话的机会。比如两人并列在一起等电梯或者在洗手时都是机不可失。另外，幽默地"冒犯"上司也是拉近双方距离的好办法。

美国沉默而严谨的总统柯立芝就曾被人用幽默的方式"冒犯"过。有一次他去华盛顿国家剧院看戏剧演出。看了一半的时候，他就开始打瞌睡了。演员马克停下歌唱，走到前排，朝总统喊道："总统先生，是不是到了您睡觉的时间了？"总统睁开眼睛，四下张望，意识到这话是冲着自己来的。他站起来，微笑着说："不，因为我知道今天要来看你的演出，所以一夜没睡好，请继续唱下去吧！"

这则幽默的对话既表现了演员直言不讳的幽默，也体现了柯立芝总统的机敏和幽默感。演员并没有开罪总统，相反，倒成了总统的好朋友。由此可见："以下犯上"的幽默使用得适时适度，往往能够拉近与上司的距离，赢得上司的理解和信任。

工作太累的时候，难免会偷懒，这时如果被老板看见了，你该怎么办呢？

有一个建筑工地的工人在搬运东西,每次只搬一点。工头不得不开口说话。

工头:"你在做什么?你看别人每次都搬那么重的东西!"

工人:"嗯哼,如果他们要懒到不像我搬这么多回,我也拿他们没办法。"

幽默的回答,工头也被逗笑了。

工人以幽默的口气为自己的偷懒行为辩解,老板即使会批评他,也会比较随和,责罚也会比较轻。假如你对于装疯卖傻的演技颇有心得,那么不妨也在对你颇有微词的老板面前,以若无其事的态度告诉他下面的话:"幸好我已经娶老婆了。"当然,你的老板无法了解你这一句话的意思,必定是一副茫然的样子。这个时候,你可以不声不响犹如自言自语地对自己说:"所以我现在才习惯别人对我的唠叨了……"

在这里幽默的确可以拉近与上司的距离。不过生活中任何事情都不是绝对的,与上司距离的远近也同样如此,这种距离不可太远也不可太近。如果一个人不认真地做好工作,成天围着上司转,只知道说好话、空话,刻意拉近与上司的关系;或者整天坐在那里等上司安排工作,像个提线木偶一样,上司拽一下,你才动一动,无形中疏远了上司,都是不可取的,因此要把握幽默接近上司的技巧。

幽默可以获得同事的好感

同事间有什么心事,如感情、事业、家庭等问题,都喜欢找

中篇　幽默口才助你走向成功

你倾诉，认为你很能体谅别人，是最好的听众。你不仅能很耐心地倾听别人的心里话，而且，如果你有能力帮助同事排除烦恼的话，你会热心尽力。即使事情不是力所能及的，也会给予适当的安慰。如果这样，有谁会不愿意和你做朋友呢？除了这些，如果你有自己的特点，能发展出一种自己独特的幽默方式就再好不过了。自己独特的幽默方式是专属个人的，任何人都学不来，所以会更有威力。

有一次发薪水的时候，小李的工资卡里面竟然分文没有。但他没有气得暴跳如雷，也没有破口大骂。他只是去问发薪水部门的人说："怎么回事？难道说我的薪水扣除，竟然达到了一整个月了吗？"当然，小李得到了补发的薪水。

小李对同事偶犯错误持一种宽容的态度，而不把它看成一件了不得的事情，批评谩骂同事的愚蠢。他以幽默的方式与同事分享了愉快的果实。这也正是不为所动、泰然处之的幽默所要收到的效果。

我们如果不能领略到别人的幽默对自己的裨益，也就不太可能以自己的幽默来激励他人。为了表现我们重视别人所带来的好处，应该时时刻刻保持乐观的态度，同别人一起欢乐。

一位男士对即将结婚的女同事打趣地说："你真是舍近求远。公司有我这么优秀的人才，你竟然都没有发现！"女同事开心地笑了。

对于上面这位男士的幽默，女同事不但没有反感，反而感激他的友谊和欣赏。欢乐的气氛荡漾在同事之间,这是多么弥足珍贵的友谊。

报刊、出版社的编辑与撰稿者之间是一种合作关系,如果合作期间能适时幽默,那么双方的工作都会进展得更顺利。

美国作家杰克·伦敦许诺给纽约的一家出版社写一本小说,但却迟迟没有交稿。

出版社编辑一再催促均无结果后,便往杰克·伦敦住的旅馆打了个最后通牒式的电话:

"亲爱的杰克·伦敦:如果24小时内我还拿不到小说的话,我会跑到你屋里来,一拳揍到你鼻梁上,然后一脚把你踢到楼下去。我可从来是履行诺言的。"

杰克·伦敦回答说:

"亲爱的迪克:如果我写书也能手脚并用的话,我也一定能履行自己的诺言,按时将书交到你的手里。"

编辑与作家之间的玩笑说明了他们亲密无间的合作关系。而作家为自己不能交稿所作的辩解更是巧妙。

一家杂志社的编辑收到一封来信:"亲爱的编辑:我希望和您达成一项默契,您如果刊登了我的稿子,您将得到稿费的一半,希望能得到您的首肯。"

编辑回信说:"您的意见很好。我希望钱都由您支付,每行五元。当您把稿子和钱寄来以后,我将把它刊登在广告栏里。"

因为合作关系不是领导与被领导的关系,处理事情应该平等

中篇　幽默口才助你走向成功

协商，相互提意见，表示不同看法也应客气委婉些，不能伤了和气。以幽默语言来表达是比较高明的办法。

歌唱家狭诺·帕蒂拉举行独唱音乐会，那位钢琴伴奏者只自顾自弹得很起劲，以致琴声经常盖住歌声。帕蒂拉虽然几次向他暗示，可他全然不加理会。

演唱会结束以后，帕蒂拉与自己的合作伙伴——钢琴家亲切握手，并谦虚地说："先生，今天我很荣幸，能参加您的钢琴独奏会。"

歌唱家用幽默语言表达出了对合作伙伴的不满，又照顾了对方的面子，是一种巧妙而得体的化解冲突的方法。

幽默可以争取到与客户的合作

一般来讲，客户对于突然闯入的销售员都会采取冷漠的态度，很少有人会说你来得正好，就像及时雨之类的话。

一次，一位推销新手向老推销员诉苦："我干不了这差事。我每到一个地方，就受人侮辱。"

"是吗？那太糟了，"老推销员很同情地说，"我从没有过这种感觉。多年来我到处旅行推销，我拿出来的样品曾经被人丢到窗外，我自己也曾经被人推出去。但是我想我还算幸运，我从来没有被人侮辱过。"

这位老推销员以他的亲身体验向我们说明了推销员应有怎样的幽默态度。美国人赫伯·特罗在《幽默的力量》一书中提到这样一个生动的事例。

一位经验丰富的老推销员带着一位对业务完全生疏、慌里慌张的实习推销员去推销收款机。这位前辈看起来并不潇洒：身材矮小、圆圆胖胖、红彤彤的脸，可是言谈举止间却洋溢着一种幽默的活力。

他们来到一家小商店，老板向他们喊道："我们不需要收款机！"这时，老推销员靠在柜台上哈哈大笑起来，好像刚听到一个世界上最好笑的故事一样。老板莫名其妙地望着他。

笑了一会，老推销员直起身子，微笑着道歉说："我忍不住要笑，您让我想起另一家商店的老板，他也说对这个没兴趣，可是后来他成了我们最好的主顾之一。"

随后这位老推销员津津有味地介绍了他的商品。每当老板表示对它没兴趣时，他就把头埋在臂弯里，咯咯地笑起来。然后他再抬起头，又说了一个故事，同样是说某人在表示不感兴趣之后，又买了一台新的收款机。

当时大家都在看这两位推销员。那位实习推销员感到窘迫极了，恨不得调头就跑，他想："他们肯定会以为我们是一对傻瓜，而把我们撵出去。"可是那位老推销员继续哈哈大笑，把头埋在臂弯里，然后又抬起头来，把老板的每一声拒绝都变成对往事的幽默回想。

最后，令年轻推销员惊诧不已的是，不一会儿老板居然同意购买一台新的收款机。后来，这次经历对年轻推销员产生了神奇的影响。每当他遇到棘手的事情时，就会想起那位老推销员，

中篇　幽默口才助你走向成功

那圆圆胖胖的身材,微笑的脸庞又浮现在他的眼前,耳旁还响起那快活的、意义深远的哈哈笑声,于是他就有了对待工作的幽默力量。

幽默可以制造你与客户的笑声,使顾客在笑声中接受你的产品。如果你正和爱挑剔的顾客打交道,幽默是最有效的工具。

在一个汽车展示会上,一对年轻夫妇对一辆汽车的价钱颇有微词。

"这几乎等于一辆大卡车的价钱了。"太太抱怨着。

"当然,如果您喜欢大车的话,同样的价钱,我可以卖给您两台大型拖拉机。"

面对顾客的抱怨,销售员运用幽默技巧表达了他所推销的小型车是物有所值的,在令顾客笑的同时,更容易获得顾客的认同。

讲了这么多故事,到底如何使用幽默这个有力武器来争取到与客户的合作机会呢?下面有几点建议:

在开口之前先试着判断客户是哪种类型和风格的人。正确的幽默对你的帮助多大,错误的幽默对你的损伤就有多大。

巧妙地插入幽默的谈话会使顾客喜欢上你。但要提醒的是:任何时候都不适于对不熟悉的人使用政治、种族或宗教幽默。

你也可以讲一讲个人经历而不是瞎编乱造一些无厘头的幽默故事。比如你在办公室里、在家里或者孩子小时候的趣事。你还可以把幽默故事记录下来,这样你在下次同客户谈话时就能很快地记起有关上次谈话的内容。

你还可以把问题变成机会。比如你想在电话中用 30 秒介绍一下产品。顾客问："怎么收费？"你可以说："噢，这个电话是免费的。"轻松幽默的氛围的确有利于你成功地推销产品。

😊 幽默可以缓解工作压力

在当今竞争异常激烈的社会中，工作压力已经成为上班族的主要压力，如果处理得好，压力也许就会转变为动力；反之，不但会使人心烦意乱，还会失去工作的积极性，压力就会成为阻力。因此，减压是现在流行词汇中使用频率最高的一个，为了使自己的工作更加有效率、更加轻松自如，可以采取幽默疗法来减轻自己的工作压力。

两位保险公司的业务员正在争相夸耀自己的公司付款有多快。一位说："我们公司10次有9次是在意外发生当天，就把支票送到保险人手里的。""这算什么！"另一位业务员说："我们公司的办公大楼一共有40层，我们在23层。有一天我们的一位投保人从楼顶跳了下来，当他经过23楼的时候，我们就把支票交给他了。"

看似互相调侃的笑话中，体现着保险行业竞争压力之大，而两位业务员都能以幽默相对，实属难得。

自嘲式的幽默不但能够给别人带来笑声，同时也让自己沉浸在愉悦当中。

马氏一家人专门从事危险的行业，就是用爆破毁坏建筑物。

中篇　幽默口才助你走向成功

可想而知这个行业的压力有多大，心理上会有多紧张。但是马氏一家人用幽默力量来消除紧张感——他们常和记者聊天，说些荒谬的故事。有一次在大爆破工作之前，新闻记者问他如何处理飞沙和残砾？马明一本正经地解释道："我们向一个生产包装袋的公司订制了一个特大的塑料袋，然后直升机在大楼上空把它扔下来。"

记者被马明的幽默笑话逗得笑声不断。第二天马氏兄弟从报纸上读到这篇报道的时候，也爆发出阵阵笑声，从而消除了自己的紧张情绪。

有的时候，一个职员要负责的工作种类繁多，头绪复杂，很容易因为工作压力过大而产生烦躁情绪，这个时候尤其需要幽默的帮助。

小丽是一家大公司的总经理助理。她必须时刻应付各种访客，还要接电话，帮助同事找资料，还要随时听从老板的指示，业务十分繁忙。不过小丽并没有被这些琐碎的事情搞得心烦意乱，相反事事都以幽默的态度来对待。

有人打电话找老板："我要和你的老板说话。"

"我可以告诉他是谁来的电话吗？"小丽问。

"快给我接你的老板！"来电人态度强硬，"我现在要马上和他说话。"

"很抱歉。"小丽温婉地说，"他花钱雇佣我来接电话，似乎很欠缺考虑。因为十个电话中有九个是找他的。"

来电话的人笑了，然后把他的名字和电话号码告诉了小丽。

在这里，巧妙的幽默化解了一个棘手的问题，也缓解了小丽的工作压力。可谓一箭双雕。在面对各种各样的工作压力的时候，如果我们都能像小丽一样巧妙地处理，相信我们的工作会更加顺利地进行下去。不过幽默的力量也不是万能的，在缓解工作压力的时候，除了运用幽默的技巧之外，还要注意运用其他一些科学的、正确的减压方法。专家建议，经常加班的人应当多补充睡眠，提高睡眠质量，还要注意饮食规律，多进行体育锻炼，如散步、慢跑等，从而达到平衡的心态。

☺ 职场中处处都需要幽默

职场沉浮多年，唯有幽默，那稍纵即逝的智慧火花，总是在关键的时刻闪现，助我们渡过许多难关。

一次招聘会上，方华应聘一个炙手可热的职位，简历投出后大概两星期左右，对方就将抱歉未能录用的 E-mail 发给了他。可能是由于系统错误，对方发了两封抱歉信给他。方华毫不犹豫地回了一封信，"既然您对未能录用我如此遗憾，为什么不给我一次面试机会呢？"不知是不是这封信起的作用，后来方华得到这个公司另一个更好职位的面试机会。

在方华与美国老板相处的过程中，他更是不失时机地幽他一默，总能"化险为夷"，永远是快乐的结局。有一天老板不小心把可乐打翻在他办公室的地毯上，他异常恼火，激动得手舞足蹈，说蟑螂部队准保会因此大规模地袭击他的办公室。方华想了想，微笑着说："绝对不会发生这种事，因为中国蟑螂只爱吃中餐。"

中篇　幽默口才助你走向成功

老板的脸色放晴了，高兴地放声大笑。

即使在意外发生时，幽默也是一颗开心果，让大家转忧为喜。

一家写字楼走道里的电力系统出了问题，直冒白烟，办公室顿时一片黑暗。各公司的人闻到异味后都冲出来，想看个究竟。正紧张地不知道发生了什么事故时，一个同事开始向大家发放他从保险公司领的自救手册，缓解气氛。大家都在猜到底发生了什么事故。其中一位员工扬了扬手中的自救手册，答道："让我们研究一下自救手册吧，看看在危难情况下如何保护自己。"大家于是哈哈大笑。一位外国老板正色道："为什么不给我一本？"那位幽默感极佳的同事说："我会立即为您翻译的。"

很多时候，幽默言辞都是在了解了对方的文化背景和职场习惯后的即兴之作。有一回面试就是这样。

那是个星期五下午，不知出于什么原因，李奇穿着牛仔裤就去面试了。经过口语听力测试、电脑水平测试后，美国人的表情告诉李奇他们对他非常满意。但美国人突然冷不丁地问李奇："请问你为什么穿牛仔裤来参加面试呢？"李奇急中生智，快速答道："今天不是周五吗？周五不是'便装日'吗？"李奇记得原来在另一家美国公司工作时，周五总是有一幅漫画贴出来，漫画上的公司职员都穿睡衣，穿着拖鞋，睡眼惺忪的模样，旁边标注着大写的"Friday"（星期五）。果然不出所料，老板哈哈大笑，李奇自然顺利地得到了这份工作。

第8章
人际交往中的幽默

不论你从事什么行业,身居何职,幽默都能助你一臂之力,能让你的工作和事业更顺利地发展;使你的社会交往更为广阔。它能使你善于待人接物、广交朋友,帮助你解决人际关系的难题,教你学会如何摆脱窘迫的处境。尤其当你想以积极进取和乐观开朗的形象出现,赢得人们的欢迎和信任时;当你想鼓励更多的人为实现目标而共同努力时,幽默就能发挥更大的作用。

幽默使你游刃于社交场

在这个世界上,每个人都有不同的人生道路,不一样的人生观。为了表达自己的观点,就必须通过社会交往来进行表述,以获得社会的理解。而以幽默来面对人生,应当是一切人生观的出发点。

有生活经验的人都曾体会过以幽默面对人生困难的重要性。幽默几近于一种缓冲机制,它显然与对抗、失望和悲观无缘。幽默也近乎一种默契形式,它使人以友善、宽容、谅解和发展的眼光看问题。这样的生活观不等于回避现实,当然,也不排

中篇　幽默口才助你走向成功

除生活中有些问题可以一笑置之。以这样的人生态度潇洒处世、与人交往，会消除许多无谓的争端，能够结交到许许多多的人生同路人。

当一个人对人生中的各种困难都抱乐观的态度时，那么解决困难的信心便产生了。中国古代有句话叫"莫以成败论英雄"，这里，可以补充一句"可用潇洒论人生"。活得潇洒，正成为现代人对人生的共识。

名人在对待自己的工作时也应该与普通人一样，有一颗平常心。如果获得了崇高的荣誉，那不妨更潇洒一些。

人在工作、学习、爱情、家庭生活中如果用幽默做润滑剂，其效果确实妙不可言，它会给人一种激动心灵的力量，又使每个人向成功的目标步步靠近。同样，在社会交往中，在人与人的往来接触中，幽默的力量也是无穷的。幽默是一种艺术，是运用你的幽默感来增进你与他人的关系，并改善你对自己真诚的评价的一种艺术。深信我们根据别人的经验，可以去发现：如何按下按钮！就像我们打开电灯开关，电力便沿着电线输送过来一样，按下我们幽默的按钮，一股特别的力量也会源源而来。我们可以把这股幽默的力量导向与他人的直接沟通。

有了幽默，我们就可以学会以笑来代替苦恼。借着幽默的力量，我们能让自己和他人居于痛苦之外。事实上，幽默力量的形成主要在于我们的情绪，而不在于我们的理智。你的幽默力量是你以愉悦的方式表现出来的。它还能表达你的真诚、大方和善良。

幽默可以润滑人际关系，消除紧张，解除人生压力，提高生活的品质。它可以把我们从自我中解放出来，使我们和他人轻松地相处。它还可以化解冰霜，使我们获得益友。它可以使我们振奋，信心大增，使我们脱离许多不愉快的窘境。

不论你从事什么行业，身居何职，幽默力量都能助你一臂之力，使你的工作和事业更顺利地发展，使你的社会交往更为广阔。它能使你善于待人接物，广交朋友，帮助你解决人际关系的难题，教你学会如何摆脱使人窘迫的处境。尤其当你想以积极进取和乐观开朗的形象出现，想赢得人们的欢迎和信任时，当你想鼓励更多的人为实现目标而共同努力时，幽默的力量就能发挥更大的作用。

善用幽默可以广交朋友

俗话说：朋友多了好办事；多个朋友多条路；在家靠父母，出外靠朋友……能够多交一些朋友，常常与朋友交谈、聊天，就会心胸开阔、信息灵通、心情愉悦，还能取长补短，互相安慰。大家都知道朋友的重要性，但是，在茫茫人海中，要找到志同道合的朋友就不是那么容易了。其实，知音难觅就难在交朋友的方式上了，而幽默交友不失为一种有效的交朋友的方法。陌生的朋友见面，如果幽默一点，气氛就会变得活跃，交流就会更顺畅。

著名画家张大千与京剧艺术家梅兰芳可谓是志同道合的知音，他们都非常敬重对方。在一次宴会中，张大千向梅兰芳敬酒，并出其不意地说：

"梅先生，您是君子，我是小人，我先敬您一杯！"

众人都是一愣，梅兰芳也不解其意，忙问："先生何出此言啊？"

张大千朗声答道："您是君子——动口，我是小人——动手！"

中篇　幽默口才助你走向成功

张大千机智幽默,一语双关,引来满堂喝彩,梅兰芳更是乐不可支,把酒一饮而尽。

很多人都有广交朋友的心,但是总苦于没有行之有效的方法,如果我们都能像张大千一样,语言机智幽默,真诚待人。那么,总有一天会四海之内皆兄弟。

在一个狭窄的小巷里两辆汽车相遇了。车停了下来,两位司机谁都不肯让路。对峙了一会儿,其中一位司机拿出一本小说津津有味地看了起来,另一位司机见状,伸出头来高声喊道:"喂,老兄,看完后借我看看啊!"

一句话逗得看书的司机哈哈大笑,并主动倒车让路。之后两人冰释前嫌,互相交换了名片。原来两人的家离得很近,后来他们还成了好朋友。

突如其来的幽默让两个谁都不肯退一步的司机成为了好朋友,我们不得不佩服让路司机的幽默和大度。生活中像这样的小摩擦在所难免,这个时候如果激化矛盾,那么必定两败俱伤,更不可能交到朋友。但是,若能利用幽默的话语将矛盾的热度降到零点,那么敌意也能转变成友谊。

朋友间的幽默方式很多,往往更有默契,也更能让人开心。

法国作家小仲马的一个朋友写的剧本上演了,朋友邀请小仲马同去观看。小仲马坐在最前排,但总是回头数:"一个,两个,三个……"

"你在干什么?"朋友问。

"我在替你数打瞌睡的人。"小仲马风趣地说。

后来,小仲马的《茶花女》公演了,这位朋友也被邀请观看。这次,轮到朋友回头找打瞌睡的人,好不容易找到一个,朋友说:"今晚也有打瞌睡的人呀!"

小仲马看了看打瞌睡的人,说:"你不认识这个人吗?他是上一次看你戏睡着的,至今还没醒呢!"

小仲马和朋友之间的幽默是建立在一种真诚的友谊基础上的,没有虚伪的客套,这样的幽默更能增进朋友间的友谊。可见,幽默在交朋友的过程中固然重要,但是一切幽默要本着真诚的出发点,才能够让人感受到你的友好。

掌握了幽默的交友技巧,你就再也不会苦于没有知心朋友,陌生人将会成为你的新朋友,新朋友将会成为你的老朋友。

幽默让你轻松面对人际关系

幽默是人际关系的润滑剂。幽默能使激化的矛盾变得缓和,从而避免出现令人难堪的场面。幽默能化解双方的对立情绪,使问题更好地解决。美国作家特鲁说:"当我们需要把别人的态度从否定变成肯定时,幽默力量具有说服效果,它几乎是一种有效的处方。"他还讲道:"幽默帮助你解决人际关系问题。当你希望成为一个克服障碍、赢得他人喜欢和信任的人时,千万别忽视这种神秘的力量。"

有的人在与他人的合作中听不得半点"逆耳之言",只要别人的言语稍微有所不恭,不是大发雷霆就是极力辩解,其实这样

中篇　幽默口才助你走向成功

做是不明智的。这不仅不能赢得他人的尊重，反而会让人觉得你不易相处。所以，在与人相处时只有始终保持愉快的心情，谦虚、随和、幽默，这样才能让你和别人的合作更加愉快。

　　乔治和他的两个好朋友去树林里伐树，但是他的体力比不过他身强力壮的朋友。晚上休息时，他们的领队询问白天每个人伐树的成绩，有一个同伴答道："杰克伐倒55株，我伐倒49株，乔治这个笨蛋只伐倒了15株。"

　　虽然朋友说的是玩笑话，但是对于乔治来说确实不怎么顺耳。就在乔治即将发怒的时候，他突然想到自己伐的树确实很少，简直和老鼠打窝时咬断树基一样，不禁笑着说："你说的不对，我是用牙齿使劲咬断了15株树。"

　　在这个故事里，乔治是一个善于控制自己情绪的人。他以幽默的方式心平气和地面对自己的不足和别人的攻击，体现了非凡的忍耐力和大度宽容的胸怀。

　　幽默不仅能解决矛盾，而且还是心灵沟通的艺术。人们凭借幽默的力量，打碎封闭自己的外壳，主动地与人交往，通过幽默使人们感受到你的坦白、诚恳与善意。

　　在严肃的交谈和例行公事般的来往中，人们互相之间往往有一种戴着假面具的感觉，人们都似乎只想让人了解自己的外表，却让别人无法探知自己的内心，这样的交流是极难深入下去的，而没有心灵沟通的社交，不能算是成功的社交。幽默可以让人们看到你的另一面，一个本质的、人性的、纯朴的一面，这是人性的共通之处。

美国总统里根曾回到他的母校,在毕业典礼上致词时,他嘲笑自己在学校的成绩。他说道:"我返回此地只是为了清理我在学校体育馆里的柜子……但获此殊荣,我心情十分激动,因为我过去总认为只有得到第一名才是荣誉。"

里根这一番展示自己另一面的讲演,取得了很好的效果。

奥地利精神分析大师弗洛伊德讲过:"最幽默的人,是最能适应的人。"的确,幽默能使我们在社交场合上应对自如,我们可以用幽默来化解各种各样的危机和困境。

有一次,英国首相、陆军总司令丘吉尔去视察一个部队。天刚下过雨,他在临时搭起的台上演讲完毕下台阶的时候,由于路滑不小心摔了一个跟头。士兵们从未见过自己的总司令摔跟头,都哈哈大笑起来,陪同的军官惊慌失措,不知如何是好。丘吉尔微微一笑说:"这比刚才的一番演说更能鼓舞士兵的斗志。"效果的确如丘吉尔所戏言的那样,士兵们对总司令的亲切感、认同感油然而生,他们必定会更坚定地听从总司令的命令,从而更英勇地去战斗。

幽默还可以回答自己不愿听的问题

芬兰一位建筑师说话很慢,访问他的记者,一直担心时间不够用。万般无奈下记者只好说:"沙先生,时间不多了,能否请您说快点?"沙先生听后,慢慢掏出烟斗,然后点上,能多慢就多慢,并且懒懒地说:"不行,先生,不过,我可以少说点。"

中篇　幽默口才助你走向成功

用幽默化解困境，回答难题，维护自己的利益，捍卫自己的尊严，而又不伤对方的感情，达到良好的效果，这是别的手段难以媲美的。

总之，幽默是社交成功的法宝。运用幽默的力量，我们就能通过成功的社交，走上成功的道路。幽默可以为我们带来充沛的活力和坚忍不拔的意志，它具有很大的创造力。

以幽默获得他人的同情和谅解

每个人都是社会中的一员。有时，在工作中，在家庭中，或在异性朋友的交往中，难免会遇到各种摩擦和碰撞，特别是会出现一些尴尬的事件，这时，就需要随机应变的幽默与机智来缓和气氛。比如说，要求对方把借你的东西归还，实在是件很困难的事情。如果太直截了当，就很容易伤了对方的感情。但打油诗高手小王，就利用打油诗收回了人家向他借的雨伞。

小王有位好朋友名叫陈某。小王把自己唯一的一把雨伞借给了这位好友。可是过了很长时间，这位好友都始终不提要还伞的事。小王真可谓足智多谋，他做了一首打油诗：

"我在湿淋淋的日子里借给你伞，含有无比的热诚。请在未破损之前，赐还予我吧！"

收到这首诗的陈某也回了两句：

"由于无话可说，我就闭上嘴巴还给你吧。"

她立即派人把伞送去了。

有时候夸大一点自己的缺点，能够消除自己的自卑感，以幽默获得别人的理解和同情，还能收到有趣的效果。比如，英国有位很胖的作家常常这样回应朋友们对他体重的担忧："我比任何男人都多三倍的仁慈，因为我在公共汽车上只要站起来让位，就能同时令三位女士受惠。"

用幽默的方式表现原原本本的你，同样也能获得他人的认可和尊重。坦诚开放地与人相处，有时能获取我们自己都意想不到的安全感。通过幽默的力量，我们比较能承认这种不安全感，而不至于把它看得太严重。然后我们能够消除疑虑，强化自我观念，扎稳人生的根基。而且我们无需担心会过于坦诚开放，因为我们能深信自己的缺点、背景以及过去和现在的环境，通过幽默的方式已经得到了大家的理解，得到了同情和尊重，这会比过去我们试图掩饰逃避要来得好。有一则关于伊利诺伊州参议员德克森的故事就是如此。

当德克森首次问鼎国会时，他听到对手在政见发表会上，对家世大做文章。这位对手的祖父是个将军，叔父是州立最高法院的法官……

轮到德克森发言了：

"各位女士，各位先生，"他开始说，"本人深感荣幸有这样的家世——我是从已婚者一脉相传、源远流长而来的。"

诗人麦琨有一次对他自己"从婚姻外的关系而出生"的事实开玩笑。"我生来就是个私生子，"麦琨说，"但是有人却穷其一生来成为私生子。"

也许你觉得你生错了时代，或生错了地点，或生错了家庭；

中篇　幽默口才助你走向成功

或者你为过去的经济环境感到困窘，生怕有人提起。我们要提出一些方法，可以发挥幽默的力量来解决这些小小的困境。同时你也可以自己发明自己的方法来用。

"我们从来不穷，也没挨过饿，只是有时会把吃饭的时间去向后延延罢了。"

"我出身于穷苦的家庭，在我很小的时候，别的小孩做飞机模型，但我做的是汉堡面包模型。"

当幽默帮助我们在情绪上坦诚开放时，我们和周围的人都会感到舒服。每个人都有自己的难言之隐，许多卓有成就的伟人，都向我们显示过，应该对个人的过去和成就如何应对，我们也可以学之一二。

幽默可化解人际交往中的尴尬困境

在众人面前不小心打翻了酒杯，或者踩破了裙子，这些小事都会让我们觉得很丢脸很狼狈，从而陷入尴尬的境地。如果这时略施幽默技法来进行自我保护，便可以轻松摆脱窘境，变被动为主动。

在一次公司举行的宴会上，一位职员不小心将一杯酒洒在了董事长的秃头上，在场所有的人都惊呆了，这位职员也吓得面色苍白，场面异常尴尬。这时，只见董事长不慌不忙拿起毛巾，轻轻擦去秃头上的酒，爽朗地说道："你知道吗？其实葡萄酒对于治疗秃头效果并不明显。"

这种尴尬的时刻，一句幽默的话语显得多么重要。董事长的机智和幽默化解了所有人的担心，而且还给人留下聪明、大度、智慧的好印象，让人敬佩。不要再为小事而抓狂，学会用幽默面对人生中的尴尬，那么烦恼将会与你分道扬镳、背道而驰。

有幽默感的人往往思维敏捷、反应迅速，在复杂的环境中从容不迫，妙语连珠，常常凭借幽默的力量化险为夷。

约翰·亚当斯竞选美国总统期间，一位共和党人指控约翰·亚当斯曾经派遣竞选伙伴平克斯将军到英国去挑选四个美女做情妇，两个给平克斯，两个留给自己。约翰·亚当斯听后哈哈大笑，说道："假如这是真的，那平克斯将军肯定是瞒过了我，全都独吞了！"

在这里，幽默的语言巧妙地化解了一场尴尬的局面，避免了不必要的冲突。正如某位哲人所说："当我们的社会通过一种幽默的能力而被深刻地认识，当每一位公民业已被幽默所征服，我们也就置身在一种和谐的气氛中了。"所以，试着用幽默的力量来释放自己，使你的精神超脱尘世的种种烦恼。用幽默来增加你的活力，使生活多一点情趣。

幽默的力量令人难忘，同时也给人以友爱与宽容，幽默可使自身乐观、豁达，不仅如此，幽默还能润滑现实中人与人的关系，超越用其他方法无法超越的限制。

在一辆公共汽车上，一位女乘客不停地打扰司机，汽车每行驶一小段，她就提醒司机一次她要在哪儿下车。司机一直很有耐心地听，直到后来她大叫道："我怎么知道我要下车的地方到了

中篇　幽默口才助你走向成功

没有？"司机说："你什么时候看我脸上有了笑容，就是到了你要下车的地方了。"

由于女乘客的干扰，公共汽车司机有可能驾驶不好汽车，但是司机对这位女乘客又不能直言冒犯，他巧妙地采用委婉的幽默方式达到了自己的目的，运用幽默的力量使自己摆脱了两难的尴尬境地。

罗伯特·斯蒂文森曾经说过："一般掌握幽默力量的人，都有一种超群的人格，能自在地感受到自己的力量，独自应付任何困苦的窘境。"面对生活中令人尴尬的事情时，我们不妨用幽默去应付和化解它。

幽默的寒暄能够拉近心理距离

寒暄是人们日常交流中的一项重要内容。因为经常见面的熟人，不可能总有很多话要说，也没有多余的时间一见面就站在路上没完没了地聊。而一旦遇见了熟人，如果因为嫌麻烦而不打招呼也过于不近人情，更无法缓冲熟人相遇时所产生的下意识的紧张情绪。

但是过于一般的寒暄常常使人觉得乏味。为了增添生活乐趣，维护良好的人际关系，我们可以试着在寒暄的时候打破常规，注入幽默元素。下面是一个典型的幽默寒暄故事。

连续下了好几天的雨，某公司的几个同事见了面，一个人说："这几天怎么老是下雨啊？"一位老实的同事按常规作答："是呀，已经6天了。"一位喜欢加班的同事说:"嘿,龙王爷也想多捞点奖金,竟然连日加班。"另一位关注市政的同事说:"房管所忘了修房,所以老是漏水。"还有一位喜爱文学的同事更加幽默:"嘘!小声点,千万别打扰了玉皇大帝读长篇悲剧。"

加入了幽默成分的寒暄的确与众不同,既活泼又风趣,一下子就拉近了人与人之间的距离。

许多有幽默感的老年人喜欢晚辈和他们开一些善意的玩笑。所以,当你刚出门就遇见老年邻居时,你就可以幽默地和他们寒暄一番,这样很容易就能和他们搞好关系,一般情况下,他们还会逢人就夸你会说话呢。

一个大热天,小王赶早趁天气凉爽去公司上班。她刚出家门,就看见邻居刘大妈在树荫下练腰腿。她走过去神秘地对刘大妈说:"大妈,这么早练功,不穿毛衣小心着凉啊。"一下子逗得刘大妈哈哈大笑,笑着骂道:"你这个鬼丫头!再不走你上班可要迟到了,现在都9点多了。"小王一听赶紧看表,才8点。看到刘大妈在那里得意地笑才知道自己上当了。以后,每次刘大妈见到小王都非常主动地和小王打招呼,逢人就夸小王聪明伶俐,还张罗着给小王介绍对象呢。

很多时候,新近发生的大事件也会成为人们寒暄中的话题。因为,大事件是大家都会去关注的,人们可以从中找到共同语言,可以避免在寒暄中话不投机而导致的尴尬。下面就是一个利用大事件在寒暄中制造幽默的例子。

中篇　幽默口才助你走向成功

前些年由于厄尔尼诺现象的影响，气候反常，快到夏天的时候，人们都还穿着厚衣服。很多熟人见面后的第一句话就是："气候太反常了，都过了农历4月了，天气还这么冷。"可是，有一个幽默的汽车司机就不那么说，他见到同事李师傅的时候说："李师傅，这不又快立秋了，毛衣又穿上了。"他见到邻居张大爷的时候也会故意幽默地问："张大爷，您老也没有经历过这么长的冬天吧，到这时候了还这么冷？"恰好张大爷也是一个幽默人，他笑着说："是啊，大概老天爷最近心情不太好，老是板着一副冷面孔。"

现在人们的生活水平提高了，人们都喜欢以"夸别人富有"作为寒暄中的话题，尤其在农村，这种看似俗气的寒暄更是常常发生。其实，在寒暄中逗乐似地夸别人富有，也会收到很好的幽默效果。

李大娘午饭后恰好遇到大刘，大刘像往常一样寒暄道："大娘，您吃过午饭了吗？"李大娘既然被称作大娘，自然年纪不小了，可是她整天乐呵呵的，好像比大刘还年轻。她回答说："嗬，还没吃呢。你中午吃什么好东西了，也不请大娘我去吃，瞧，现在还满嘴都是油呢！"

李大娘幽默地夸赞大刘的生活过得好，她对大刘的假责怪显得很亲热、愉快，很自然地就拉近了她与大刘的距离，也成功地塑造了自己平易近人、和蔼可亲的长辈形象。

不要小看寒暄幽默，它能使你在不知不觉中将欢笑和快乐带给别人，拉近自己与他人的心理距离。

😀 歪打正着,幽默不断

有这样一段对话。

某人有一次在宴席上问鲁迅:"先生,你为什么鼻子塌?"

鲁迅笑着回答他说:"碰壁碰的。"

鲁迅的回答,既有对社会现实的不满,又有对自己生活坎坷经历的嘲讽,这样丰富的具有社会意义的内容与"塌鼻梁"这样一个看似负面的自然生理特征结合在一起,便产生了无法言喻的幽默感。

对事情进行似是而非,甚至是牛头不对马嘴的解释,能表达调侃之情,产生幽默之趣。这种方法被称为"歪解法"。下面请看歪解运用的几则实例。

甲:咸鸭蛋为什么是咸的?

乙:咸鸭蛋是咸鸭子生的!

甲:鱼为什么生活在水里?

乙:因为地上有猫。

甲:你的狗生跳蚤吗?

乙:不,它只生小狗。

甲:简述母乳喂养的好处。

乙:便于携带。

以上由于歪解而产生的幽默,要么得力于幽默者的"别解",要么得力于幽默者的"奇诡",均令人哑然失笑,过耳不忘。

中篇　幽默口才助你走向成功

运用歪解法，由于可以放开想象的翅膀，对事物进行随心所欲的解释，所以，很多聪明之士常常用它解决难题。

若干年前，美国一位出版商有一批滞销书久久不能脱手。一天，他忽然有了主意，便给总统送来一本书，并三番五次地去征求意见。忙于政务的总统不愿与他多纠缠，便回了一句："这书不错。"

出版商便大做广告："现有总统喜欢的书出售。"于是，这些书便被抢购一空。

不久，这位出版商又有书卖不出去，又送一本给总统。总统上过一次当，想奚落他，就说："这书糟透了。"

出版商闻之，脑子一转，又做广告："现有总统讨厌的书出售。"不少人出于好奇争相抢购，书又售罄。

第三次，出版商再次将一本书送给总统，总统接受了前两次的教训，便不作任何答复。

出版商却又想出新的广告语："现有令总统难以下结论的书，欲购从速。"这回书又被抢购一空。

最终的结局是总统哭笑不得，商人却大发横财。

在歪解幽默的运用上，不能不单独提一笔的是，美国人安·比尔斯著的《魔鬼辞典》，这部西方最负盛名的讽刺、幽默、调侃反语辞典，是集"歪解法"之大成的经典之作。仔细地看《魔鬼辞典》词条的解释，貌似歪理，而许多时候都是在从不同的角度去描述一种真实。

这也提醒我们，在看待"歪解法"炮制的幽默时，不要以为全是歪得无谱，应注意歪打正着！

笑对人生，振作精神

以笑来面对日常生活中那些可以引起我们不快的小事情，要眼看着不快的情绪消失。借着笑的分享，你就可以把琐碎的问题摆在它适当的位置，和你整个生活相比，它就显得很小了；你也能借此提醒别人，这有助于他们轻松地面对事情，你会使他们重振精神。

说说天气吧，以天气为题材，说个笑话。

我发现特别是在太冷、太热或太湿的天气里，有关气象的笑话更能振奋听众的精神。在你自己的生活里，也试试这样的"振奋剂"吧！

"气象预报人员说今早会降大雾。今天早上我的邻居跨出前门，现在他正在大雾中打捞他的身体。"

"我办公室里冷得要命，办公桌椅不得不装上防雪轮胎。"

"如果再来一季这样恶劣的寒冬，我就要退休了。我要在车顶上绑一把铲雪的铲子，然后朝南驶去，一直开到有人指着铲子说：'那东西是干什么用的？'我才会停下来。"

对太潮湿或太干燥的天气做趣味的解释，试试看说说这样的故事。

一个初到美国新墨西哥州的游客，问当地一个皮肤被太阳晒成古铜色的居民说："难道你们这里从来不下雨？"

这位居民想想，然后反问：

中篇　幽默口才助你走向成功

"你还记得诺亚和方舟的故事里是如何说当时连下四十昼夜的大雨的吗?"

"当然记得。"游客回答。

"那个时候啊,"这位新墨西哥人说,"我们这里才只有一英寸(2.54厘米)的雨量。"

当你等候时,以微笑来和人分享。当你在超级市场的结账出口或银行大排长龙的时候,是和其他人一样等得焦躁不安呢,还是拿出你的幽默力量来与他人分享。

"这是自然的法则,我没去排的那一行总是动得快些!"

"速度快不一定是最好的。否则的话,兔子早就来统治这个世界了。"

在超级市场排队时可以说:

"我打算买一条比目鱼,但是排队排了这么久,现在我买到的可能是一条比目鱼的鱼干了。"

以打高尔夫球为题材,开开自己的玩笑。或者是保龄球、钓鱼、网球、划船、桥牌——任何足以使你的休息生活充满生气的消遣活动,都可以拿来作为幽默的题材。你可以说:

"政坛上的竞争教给我们曲解事实的人不只是钓鱼的和打高尔夫球的而已。"

高尔夫球员问他的球童说:"你觉得我这场球打得如何?"
"不错。"球童回答说,"不过我还是比较喜欢高尔夫球本身。"

"我的医生说我不可以打球。"一位球员说。
同伴听了说:"哦,他一定跟你打过球。"

职业高尔夫球选手尼可拉斯,有一次问职业棒球选手奥隆:"你算是哪一等的高尔夫球员?"

"打棒球时,我总共花了17年才击出3 000次球。"奥隆回答说,"但是在高尔夫球场上,只一个下午就击出这样多的球数。"

似乎高尔夫球比其他球类运动更能启发人的幽默力量,而作趣味的思考。关于这方面的笑话,趣谈很多,但是其他运动、其他消遣也都有表现幽默的时候。

表现原原本本的你,坦诚开放地与他人相处,能帮助我们承认我们有时也会怀疑自己或对自己没有安全感。透过幽默的力量,我们比较能承认这种不安全感,而不致把它看得太严重。然后我们能够除去疑虑,强化自我观念,扎稳人性的根基。

同时,我们无须担心会过于坦诚开放,因为我们能深信自己的缺点、背景,以及过去或现在的环境,无论是好是坏,都会比过去我们试图掩饰逃避来得好。

第 9 章
爱情婚姻中的幽默

日本幽默家秋田实认为,幽默是爱情的催化剂。美好的爱情往往是可遇不可求的,我们要善于运用幽默抓住身边的每个机会,在一见钟情的时候,用幽默的语言表达出我们内心热烈的爱恋之情。

☺ 用幽默打开对方的心扉

如果有一天,你"梦里寻她千百度"的梦中情人,突然出现在"灯火阑珊处",你该怎么办?

当你走在一条幽静的小路上,或在同学的聚会中,突然看见一位似曾相识的女孩子,她亭亭玉立,光芒四射,气质非凡,正是你一直寻寻觅觅的"她"!这个时候,你该怎么办?是勇往直前还是自卑地退缩?其实,几乎所有的女孩都以被众多的男士追求而骄傲不已!所以,以一颗热情的心,幽默的语言,勇敢地去追求你中意的姑娘,把握住属于你们的缘分!

电影《阿飞正传》中就有一段很有创意的幽默情话:

在一个慵懒的下午,阿飞对着苏立珍说:"看着我的表,就一分钟。16日,4月16日。1960年4月16日下午3点之前的一分钟你和我在一起,因为你,我会记住这一分钟。从现在开始我们就是一分钟的朋友,这是事实,你改变不了,因为已经过去了。我明天会再来。"

这段浪漫又幽默的情话,相信没有几个人可以抵挡得住,反正苏立珍没有,下面是她的内心独白:

我不知道他有没有因为我而记住那一分钟,但我一直都记着这个人。之后他真的每天都来,我们就从一分钟的朋友变成两分钟的朋友,没多久,我们每天至少见一个小时。

这些虽然是电影里虚构的情节,但是,现实生活中也有这样的故事。有一个男孩就是用这种新颖的赞美方式,射中了自己的"白雪公主"的芳心,并娶其为妻。妻子幸福地诉说着他们浪漫的爱情:

当我在一所大学里做兼职银行出纳员时,一个帅气的小伙子几乎每天都要到我的窗口来。他不是存款就是取钱。直到有一天他把一张纸条连同银行存折一起交给我时,我才明白他是为了我才这么做的。

"亲爱的婕,我一直储蓄着这个想法,期望能得到利息。如果周五有空,你能把自己存在电影院里我旁边的那个座位上吗?我把你可能已另有约会的猜测记在账本上了。如果真是这样,我将取出我的要求,把它安排在星期六。不论利率如何,陪伴你始

中篇　幽默口才助你走向成功

终是十分愉快的。我想你不会认为这个要求太过分吧？以后来同你核对。真诚的杰。"

我无法抵制这诱人、新颖的求爱方式。

如果爱情中缺少幽默，那么爱情还有什么意义呢？有人说，爱就从幽默开始。求爱时都免不了要通过情书表情达意，情书是一种极为强烈的"印象装饰"。下面是一封幽默情书：

富兰克林1774年丧偶，1780年在巴黎居住时，向他的邻居——一位迷人而富有教养的富孀艾尔维斯太太求婚。

富兰克林在情书中说，他见到了自己过世的太太和艾尔维斯太太的亡夫在阴间结了婚。接下来，他继续写道："我们来替自己报仇雪恨吧。"

这封情书被誉为文学的杰作、幽默的精品。求爱时，写情书好比投石问路，试探对方对自己究竟有没有意思，如果过于庄重严肃，一旦遭到拒绝，势必难以承受。但是，如果恰当地运用幽默的技巧，以豁达的气度对待恋爱问题，即使得不到爱，也不至于烦恼懊悔，同时也避免了自尊心受到创伤。

真爱是可遇而不可求的，所以要掌握一定的技巧。首先要有一颗真诚的心，更需要机智与幽默的表达。求爱的确要下一番工夫，不能只是一味地死磨硬泡，使人厌烦。制造好感是求爱的准备工作，运用新奇的幽默方式向对方求爱则可以收到良好的效果。

大众情人眼中的幽默

幽默口才可以丰富我们的精神生活。有了幽默口才，就可以自由地感受自我与环境，发挥并表现出自我的才能与力量。即使面对事业的失败和人生的苦恼，幽默口才也能开拓我们的心胸，让我们在痛苦中获得欢乐。

幽默口才最大的妙处就在于可以将不协调的事物调节到和谐的状态。男女之间总是存在着许多令人神往的神秘东西，这种东西对双方都是一种诱惑，也是男女之间相互吸引的重要因素。

在恋爱过程中，偷换概念的幽默口才总是带来真心的欢笑以及双方情感的升级。

一对恋人进入了热恋阶段，他们在公园里约会，女朋友问："我问你，别瞒着我，除了我，有谁摸过你的头，揉过你的发，捏过你的颊？"男朋友说："啊，这太多了，昨天，就有一个……"女朋友愕然，忙问："谁？"男朋友说："理发师。"

这位男青年把"还有什么女孩与你亲密接触过"的概念转移到"理发师"身上，一语出口，谁不会为之一笑呢？男性在求爱过程中总是想方设法地用甜言蜜语对女性发起攻势，多数女性对这种进攻都束手无策，这时女方如果使用幽默口才作为自己的武器就能达到促使对方的伪装"落败"的效果，但同时又不失自身的可爱与机智。

男："请你相信我。"女："怎么相信呢？"男："亲爱的，

中篇 幽默口才助你走向成功

我那纯洁的爱情只献给你一个人。"女:"那些不纯洁的给谁呢?"

"三心二意"是许多男士的通病,当你的男友正被身边的其他女孩吸引时,不要蛮横地加以指责,这样做达不到你想要的目的,而且还会降低你在他心目中的位置。用幽默调侃的语言给他温柔的一击,这会使你在达到目的的同时更具魅力。

一对恋人参加聚会,女孩子发现男朋友用羡慕的眼光不停地偷看身边坐着的那位艳丽的女郎,便在他身边悄悄说道:"你和她说句话吧,不然别人会以为我是你的未婚妻了!"

看,这位女孩子多么聪明,一下就把男朋友从失态中唤回来了。这种钝化了的攻击,任何男人都会接受。

"小心眼儿"是很多女士的共性,当女士醋意上升的时候,男士的幽默感就显得尤为重要了。

一对恋人正在海滩上躺着,女孩看到一个穿着最新款三点式泳装的女郎站在海滩上搔首弄姿。

"喂,你看!"她向男朋友叫道,"她和你崇拜的×××一模一样。"但男朋友并不理会,闭着眼睛躺在那儿。"怎么?难道你真的一点都不感兴趣吗?"女孩诧异地问道。

"当然,"男朋友说,"如果她真和×××一样,你是绝对不会让我看的。"

这位男朋友面对女朋友的讽刺非常冷静,用带有幽默感的攻击回敬了她,既批评了女朋友的小气心理,又表达了他知道她很爱他的情感。

如果你懂得在你和你的恋人之间使用幽默口才,那么就会发现这会为你的恋爱生活平添许多快乐。恋人间的幽默是一种永远迷人的诱惑,是一种无人能抵挡的诱惑。

幽默是恋爱和婚姻的推力

许多姑娘公开宣称:"我要寻觅的郎君应该具有幽默感。"会说笑话、具有幽默感的小伙子往往更受姑娘们的青睐。曾经有一位相貌平平,身高不过一米六五的小伙子,竟追求到了校花。而且更不可思议的是,离开学校后,他们俩还真的走入了婚姻的殿堂。结婚那天,同学们叫当年的校花披露小伙子的绝招,校花抿嘴一笑:"他是个幽默冠军!"顿时一片吁声,大家都没想到幽默竟有如此魅力。

一位数学家同女友在公园散步,女友问他:"我满脸雀斑,你真的不介意?"数学家温柔地回答:"绝对不!我生来就爱小数点。"顿时,姑娘在又嗔又怪之余,心中泛起阵阵爱的涟漪。

幽默,这个具有神奇推动力的东西,它像助推火箭,推动爱情之星遨游直上;它又像大马力的发动机,推动爱情之舟一路向前。

同样的道理,夫妻双方如果知道时时用幽默去浇灌婚姻生活,那么"婚姻是爱情的坟墓"那句咒语早就见鬼去了,而应该以"婚姻是爱情崭新的起点"代之。

中篇　幽默口才助你走向成功

一次,老张的妻子对丈夫说:"你看人家邻居老李,因为当年失恋,后来发奋图强,如今多辉煌呀!"如果是一个不懂情理,缺乏幽默感的丈夫,他或许会接着说:"你跟老李去呀!""老李算老几!"之类的话来。可富于幽默感的老张说:"当年你如果讨厌我,我也会出人头地的,尊敬的夫人!"老张的妻子轻轻地擂了老张一拳头:这实际上近似于爱的抚摸!

幽默是婚姻生活的润滑剂,它能消融夫妻间的疙疙瘩瘩;幽默是婚姻生活的助燃器,它能使爱情之火燃得更旺。

☺ 夫妻间的幽默

常听人说,婚姻是爱情的坟墓。婚姻之所以成为爱情的坟墓,源于它的现实性与公式化。爱情是虚无缥缈的东西,它神秘,它不可捉摸,因而耐人寻味,给人以充分的想象空间。一旦爱情发展到一定程度,结婚便成了顺理成章之事。婚姻不像爱情,明修栈道不成,可以暗度陈仓。它必须得公开,按部就班,一五一十地进行。先发请帖,再办酒席,然后收红包,最后送客。宴席上有人摆道,你也得赔笑脸,沉着应战。你们两人的关系在众目睽睽之下,便再无神秘感可言了,进入婚姻生活后尤其如此。

当一切都显得公式化与正常化之后,家庭幽默的重要性便日益凸显出来了。家庭幽默是你家庭生活的润滑油,是你婚姻幸福的催化剂。家庭幽默源于纯洁健康的心态,源于夫妻双方的相互了解与积极配合。当夫妻双方谈了一大串与"责任"有关的严肃问题之后,不妨由任何一方转移话题,转到一个双方共同感兴趣的话题上来。比如旅游,比如文学,比如足球等,这些看似与实际生活无关的话题,实在是调解夫妻生活最好的补药。关键是当夫妻一方提出某个愉快而轻松的话题时,另一方应积极配合,并表现出很大的热情与关切,绝不可坐视不理、一问三不知,或仍沉浸在先前的严肃问题中没有解脱出来,而要求对方再说一遍,这时制造幽默话题的一方便毫无乐趣可言了。

西方有一位哲人曾说:"解释是幽默的致命伤。"幽默是一种天分,说幽默的夫妻一方灵光一闪,秀口一开,听幽默的一方也要敏捷,才能接个正着。如果说者语妙天下,听者一脸茫然,竟要求说者加以解释或者再说一遍,岂非天下最扫兴之事?这就要求夫妻双方的程度相同或相近,绝不能相差得太远,否则便毫无家庭乐趣可言了。

进入婚姻生活的男女不再希冀对方能给自己带来多大的惊喜或浪漫感觉,但仍需要对方让自己愉快,让自己放松,特别是在忙碌了一整天的工作或家务活之后。

散文家张小娴说:"两个人的结合,就像两首曲子交汇成一首,由于原先的曲调、节奏各不相同,所以需要两者的协调与合作,才能汇成一曲比原先任何一曲都好听的音乐,如果配合不当或失误,这首曲子一定比原先任何一曲都更糟糕。"要使家庭生活永远朝着健康、高质量的方向发展,家庭幽默是必不可少的。家庭幽默是你家庭生活的润滑油,家庭幽默是你婚姻幸福的催化剂,家庭幽默是防止家庭暴力与婚外恋最强有力的武器。

大千世界,男女的结合是一段美丽的缘。正如黄安所唱:"多少男男女女相聚分离,遇见你是千万分之一,哪怕时空拉开我们的距离,我只想和你在一起。"愿我们都能珍惜这段缘,呵护这

中篇 幽默口才助你走向成功

段情。用我们的热情,用我们的智慧,用我们的幽默!愿有情人终成眷属!愿终成眷属的有情人都能拥有一个和睦美好、充满乐趣的家庭!

☺ 幽默是夫妻关系的润滑剂

在夫妻生活中,妻子对待丈夫的态度和方式会直接影响丈夫的生活态度、工作状态以及自信心。

怪不得很多企业家说:"如果我们想提升某个人的职位时,会先调查他的妻子。"这并非调查他的太太是否长得漂亮或者很会做菜,而是调查他的太太是否能让他充满自信。

一些企业的老板说:"做妻子的要接受丈夫的一切。要让丈夫生活愉快,拥有满足感。当丈夫回到家里时,要替他装上自信的弹丸。这样丈夫就会想:'她这样支持我,可见我在她心中有一定的地位,并非一文不值。'做妻子的若能爱丈夫,信任他,他就会拥有'我一定能做好一切'的自信。所以当他第二天出门时,就会充满自信地接受挑战。"一个可以宽容自己丈夫的女人,也一定会对丈夫倍加关爱;反之,如果妻子成天只会抱怨和唠叨,她的丈夫是不会有斗志面对自己的工作和事业的,从而没有了自信心。随着丈夫自信与自尊的渐渐消逝,他对妻子的态度只会趋于冷淡,夫妻之间便会发生情感危机,这时幽默口才就是最好的解药。

负责人事的经理对他的新雇员说:"这份表格你填得不错,就是有一点,你在填写与太太的关系一栏里,应该填'夫妻'而不该填'紧张'。"

消除家庭紧张关系的方法很多,而幽默则是一种最佳的选择。

某男某女结婚多年,从未发生过冲突。

有一天,妻子问丈夫:"你为什么总对我这么好?"丈夫答道:"和你结婚之前,我请教过一位牧师,问为什么他对妻子那样好,他说:'不要批评你妻子的缺点或怪她做错事。要知道,就是因为她有缺点,有时会做错事,才没有找到更理想的丈夫。'我牢记了这句话。"

他引用的话,推理出的意思是说,要想做妻子的理想丈夫,就不能随意批评妻子,这样才能恩爱有加,才能证明自己是理想的丈夫。

一个酒徒在外面喝多了酒,很晚才回到家,他又忘记了带钥匙,于是只好敲门。

妻子怒气冲冲地打开门说道:"对不起,我丈夫不在家。"

"那好,我明天再来。"酒徒说完,装出转身要走的样子。

丈夫的幽默,终于使妻子化怒为笑,丈夫通过幽默,诱发妻子内心深处对丈夫的怜爱和尊重。这时夫妻两人都不会抓住喝酒的事不放,而是去享受两人之间幽默的情感。用幽默调侃的语言,婉转、迂回地回答妻子提出的问题也是丈夫化解尴尬事件的秘诀。

妻子:"我和你结婚,你猜有几个男人在失望呢?"丈夫:"大

中篇　幽默口才助你走向成功

概只有我一个人吧？"

直率地回答妻子提出的问题对一些丈夫来说是比较为难的一件事，答不好就会造成双方的不快，这时最好的办法还是使用幽默的话来作答。

幽默口才的产生是有其适宜环境和必要条件的，而且还需要夫妻双方有一定的肚量，这样的幽默才会得到回应。

两口子吵架，妻子闹着要同丈夫离婚。在去法院的路上，他们要经过一条不大的河。

到了河边，丈夫很快脱掉鞋子走入水中。妻子站在岸边，瞧着冰冷的河水，正愁着怎么过去。丈夫回过头温和地说："我背你过去吧。"丈夫背着妻子过了河。他们没走多远，妻子说："算了，咱们回去吧！"丈夫诧异地问："为什么？"妻子不好意思地低着头说："离婚回来，谁背我过河呢？"

在一般的家庭中，妻子总是承担大部分的家务劳动，好像这些都是妻子分内应该做的。但丈夫也是家庭中的一分子，也是应该分担家务的。由于传统观念的影响，一些丈夫在家中是什么都不干的，这时聪明的妻子会用智慧和幽默使丈夫毫无怨言地加入到家务劳动中来。

妻子："亲爱的，你能把昨天晚上换下来的衣服洗一下吗？"
丈夫："不，我还没睡醒呢！"
妻子："我只不过是考验你一下，其实衣服都已经洗好了。"
丈夫："我也只是和你开玩笑，其实我很愿意帮你洗衣服的。"

妻子："我也是和你开玩笑，既然你愿意，那就请你快去干吧！"

丈夫此时不得不佩服和欣赏妻子的幽默和情趣，高兴地去干不愿干的家务了。

当然，如果妻子已把衣服洗了，其幽默感更强，丈夫受到感动，往往会主动帮助妻子做家务，这样家务事带来的不是烦恼，而是一种家庭快乐。

在我们身边经常能听到有些人这样说："家不就是个吃饭、睡觉的地方吗？其实和旅馆没什么不同！"这绝对是不正确的，因为旅店里没有家庭里的幽默。

约翰实在无法忍受妻子无休止的唠叨，打算去外面旅店住几天。旅店老板热情地接待了他，并且亲自把他引到一间房门前。

"先生，您住在这里会发现跟到了家一样。"

"天哪！你赶快给我换间房吧！"

这则幽默说明，没有幽默的家庭甚至还不如一家旅店。

运用幽默的语言、行动和态度来对待家庭中的另一个人，它会使你的家庭远离无休无止的争吵，远离沉闷压抑的冷战，远离空穴来风的猜忌。它如同家庭生活中的润滑剂，能使你的家庭永远沐浴在春风细雨之中，使夫妻之间的关系永远和谐美好。充满活力、拥有幽默口才并加以利用的人，他的生活将会是丰富多彩的，他本人好像有用不完的力量。

中篇　幽默口才助你走向成功

☻ 幽默使爱情之树常青

在现今的家庭中，夫妻双方都有自己的事业和自己的社交活动，因而双方都处于相对独立的状态，这就使谁来主导家庭事务成为一个日益凸显的矛盾，这个矛盾会使彼此心灵间的距离越来越远，但解决它并不困难，幽默能产生特殊的效果。

一个男人向他的朋友道出了他婚后生活美满的秘诀。"我的夫人对所有的小事作决定，"他解释说，"而我，对所有的大事作决定。我们和平共处，互不干扰，从无怨言，从不争吵。""很有道理，"他的朋友赞同地说，"那么，你的夫人对什么样的事情作出决定呢？""她决定我应该申请什么样的工作，我们应该到哪里去游泳等诸如此类的事情。"朋友很惊奇："那么哪些是由你决定的大事呢？""噢，"这位男人回答，"我决定由谁来做首相，我们是否应该增加对贫穷国家的援助，我们对原子弹应该采取什么样的态度，等等。"

从某种角度来讲，女人的统治欲望和虚荣心要比男人更为强烈，因而在家庭中女人往往处于统治者的位置，无论是普通的主妇还是伟人的夫人，都无一例外。

彼得在当匹兹堡市市长的时候，一天，他和妻子兰茜去视察一处建筑工地。一个建筑工人冲着他们叫起来："兰茜，你还记得我吗？读高中的时候，我们常常约会呢！"事后，彼得嘲弄地说:"嫁给我算你运气好,你本来该是建筑工人的老婆,而不是市长夫人。"兰茜反唇相讥道:"你应该庆幸跟我结了婚,要不然,匹兹堡市的市长就是他了。"

在我们身边经常会有被称为"妻管严"的丈夫,他们经常被朋友和同事讥笑,所谓"怕老婆"是丈夫对妻子的宽容与爱护,但被他人讥笑终究是不好受的,如果巧妙地运用自嘲的方法就不至于造成难堪的局面。

妻子:"你在外面很少喝酒,为何在家里拼命地喝呢?"丈夫:"我听说酒能壮胆。"

而且,有幽默感的人也不怕在众人面前表现自己"怕老婆"。我们来看下面这两个人的对话。

甲:"在公司你干什么事?"
乙:"在公司里我是头。"
甲:"这我相信,但在家里呢?"
乙:"我当然也是头。"
甲:"那你的夫人呢?"
乙:"她是脖子。"
甲:"那是为什么呢?"
乙:"因为头想转动的话,得听从脖子的。"

如此妙答,当然引得人们捧腹大笑,也间接地暗示了他对婚姻的满意。如果他的夫人真的如传闻的那样,他也许自我调

第9章 爱情婚姻中的幽默

中篇　幽默口才助你走向成功

侃不起来。所以，有一个好的精神状态对幽默的发挥是相当重要的。

当妻子因丈夫的某些不良行为而大发雷霆时，丈夫如果可以巧妙地运用幽默口才就能将一场暴风雨化解于无形之中，从而保证家庭生活的和谐和夫妻间的良好关系。

第 10 章
家庭生活中的幽默

家是我们的避风港,家是我们欢乐的海洋。不过,这欢乐的海洋有时也会掀起一些或大或小的风浪。要维持家庭的和谐幸福、缓解家庭成员之间的矛盾,幽默的气氛是必不可少的。

☺ 家庭幽默增亲情

如果说亲情是太阳,温暖着你和我,那么家庭中的幽默就像弯弯的虹桥,连起我们的心。

人人都希望家庭的港湾宁静而和谐,而宁静的生活也需要笑声作点缀,和谐的日子也需要幽默来调剂。在家庭中适当运用一些幽默话语,能使家庭气氛更融洽,家人生活更幸福。几位文化名人的做法可供效仿。

著名剧作家沙叶新极具幽默感,其女儿也天生具有幽默细胞,还在童年时就对"女大不中留"有过一番妙论:"我认为'女大不中留'的意思就是……嗯……就是女儿大了,不在中国留学,要到外国去留学。"后来她果然去美国留学了。

中篇　幽默口才助你走向成功

一次回国探亲,她和父母谈起同在美国留学的弟弟,说弟弟想娶个黑人女孩。母亲不由大吃一惊。"妈妈怎么还有种族歧视?黑人女孩是黑珍珠,身材好极了,长得也漂亮。""我倒没有种族歧视,"沙叶新插话说,"我就担心他们以后给我养个黑孙子,送到上海来让我们带。万一晚上断电,全是黑的,找不到孙子那不急死我们!"女儿连忙说:"那没关系,断电的时候你就叫孙子赶快张开嘴巴,那不是又找到了!"

在父女之间的这场温情脉脉的唇枪舌剑中,父亲显示了他开阔的胸襟、年轻的心态和幽默的天性,而女儿更是青出于蓝而胜于蓝,她机灵的回答、狡黠的反击为久别重逢的父女增添了一份额外的喜悦。

在读者眼里,钱钟书是满腹经纶的学者,不苟言笑,其实不然。

钱氏夫妇在清华养过一只很聪明的小猫。爱猫成癖的钱钟书特备长竹竿一根,倚在门口,不管多冷的天,听见猫儿叫闹就急忙从热被窝里爬出来,拿了竹竿帮自己的猫打架。和钱家猫打架的是邻居林徽因女士的猫,妻子杨绛怕钱钟书为猫伤了两家的和气,就引用钱氏小说《猫》中的一句话来劝他:"打狗要看主人的面,那么,打猫更要看主妇的面了。"钱钟书调皮地笑道:"理论总是由不去实践的人制定的。"此后却不那么冲动了。如果杨绛硬去阻止生着气的他打猫,也许会适得其反,最聪明的办法当然是迂回出击先逗他笑。

表面上看,他俩针尖对麦芒,互不相让。但隐匿在一问一答中的幽默,让人一眼就能看出他俩是妇唱夫和,其乐融融。

台湾诗人余光中育有四女,再加上妻子,家里十足的阴盛阳衰。好在余光中已习惯与五个女人为伍,沙发上皮包和发卷散乱地放着、浴室里弥漫着香皂和香水的气味、餐桌上没有人和他争酒等,都是天经地义的事。所以余光中戏称自己的家为"女生宿舍",称自己为"舍监"。

由于家中的电话装在余光中的书房,所以他总是忙得不可开交:"四个女儿加上一个太太,每人晚上四五个电话,催魂铃声便不绝于耳了。我就像个现代殷洪乔,成了五个女人的接线生。有时我也想回对方一句'她不在',或者干脆把电话挂断,可又怕侵犯了人权,何况还是女权。在一对五票的劣势下,怎敢冒天下之大不韪?"

在余光中的满腹牢骚中,我们分明可以听出他作为家中唯一一名男性的自得与骄傲。与其说他是忍气吞声为家中的女人们忙进忙出,不如说他是心甘情愿地为家中的女人们吃苦受累;与其说他忙得焦头烂额,不如说他是忙得不亦乐乎。聪明的余光中是以正话反说的方式向妻女"谈情说爱"的。

倘若说余光中的"叫苦"还有一丝"欲说还休"的味道,那么,当代著名漫画家丁聪的"抱怨"则完全是"一吐为快"了。

有人问漫画家丁聪:"你身体这么好,有何养生之道?"他回答说:"大概是有个好饲养员吧。饲养员就是我老伴,她做什么,我就吃什么,从不挑食,不挑食的孩子就是好孩子。"当然,丁聪所谓的"不挑食"仅限于肉类,至于蔬菜,他是难以下咽的。对此,丁聪说:"我的理论是顺其自然,想吃说明身体需要,不

中篇　幽默口才助你走向成功

想吃说明不需要，何必勉强呢！所以，我是想吃什么吃什么，当然还要在老伴的管辖之下——我什么也不会做，因此只能逆来顺受。"

有时，丁聪索性将老伴称为"家长"，他的幸福感便表现在不时地向朋友们抱怨"家长"的管束。名为诉苦，实为夸耀，丁聪正是运用这种独特的方式向老伴表达情意的。

作为当代宿儒，钱钟书的"痴气"几乎无人能比。他曾很认真地对杨绛说："假如我们再生一个孩子，说不定比阿圆（钱氏独生女）好，我们就要喜欢那个孩子了，那我们怎么对得起阿圆呢！"

对女儿如此"用情专一"，堪为天下父亲的楷模。

上海作家陈村也视女儿为掌上明珠，谈起女儿他就没大没小、口无遮拦了："我现在是名花有主，动辄得咎。出门要请假，回家要汇报，自己看自己也觉得有教养多了。之所以有点滴的这些进步，全赖于女儿每天对我的栽培。"

倘若不是深爱女儿，陈村怎么可能对女儿言听计从、毕恭毕敬呢？

他还说过："我从小就没有父亲，不知道一个标准的父亲是怎么样的。我本可以自学成父，可是真的当了父亲才知道比较困难。好在女儿的懂事和宽容。""自学成父"一方面是指陈村从小没有品尝过父爱的滋味；另一方面也表明了他想要成为一个好父亲的决心。

三毛和荷西的爱情故事曾感动过无数少男少女,在撒哈拉那个物质极度匮乏的地方,是幽默的话语使他们的生活情趣盎然。有一次,荷西指着岳母从台湾寄来的粉丝问三毛:"咦,什么东西?中国细面吗?"三毛随意发挥道:"这个啊,是春天里下的第一场雨,下在高山上被冻住了,山民们扎好了背到山下来,一束束卖了换米酒喝,买到不容易哦!"

在三毛极富诗意的回答中,在她对荷西的小小"欺骗"中,新婚妻子对丈夫的亲昵之情溢于言表。善于制造幽默使妻子三毛平添妩媚,品味幽默使丈夫荷西倍感甜蜜。

☺ 家教离不开幽默

中国传统的家庭教育大都严肃多于宽容,从一些俗话中便可见一斑。比如,"三天不打,上房揭瓦"、"棍棒底下出孝子"。在这种教育思想的影响下,家长与孩子的关系往往弄得非常对立。殊不知,最好的家教应该是略带一丝幽默的。请看下面这个故事。

儿子上小学的时候,我和老公有时会为了到底谁是家长争论一番,各自不服。

一次,我提出,咱们竞选吧,谁当选谁就是。

当时,我是有些小心思的,因为儿子从小是我带大的,老公在外地,儿子与我的感情更深些,当然会选我。

中篇　幽默口才助你走向成功

没有竞选宣言，我们就马上开始投票。

第一次投票，三个人，每个人自己投了自己一票。

儿子很兴奋，他以为自己也会当选家长。我暗自生气，我说儿子你应当选妈妈，妈妈对你多好。

没想到，老公对儿子说，你不可能当家长，你如果选我当家长，那么，我就任命你是副家长。

第二次投票结果可想而知，老公两票当选家长，儿子是副家长，我是成员。

家长对副家长说，他在家的时候，就什么都听他的。他不在家的时候，就要听妈妈的。

于是，这个副家长，成了一个虚名。

因为家长总是摆个臭架子，我的心比较软，所以副家长也很后悔自己的错误选择，总想再次竞选，让我当选，可惜家长不同意，再次竞选似乎遥遥无期。

培养孩子的幽默感，使其敢于自嘲，学会用微笑面对人生，正是让他们的心理走向成熟的标志之一。

朋友八岁的孩子因为痴迷于武侠电视剧，天天冲冲杀杀的，朋友很是担心。一天，孩子又在商店里看中了一支新式玩具步枪，缠着要买，而家中的武器玩具早就堆积如山。朋友说："儿子，你的军费开支也太大了，现在是和平时期，咱们裁减点军费如何？"儿子扑哧一声笑了，从此，再也没有让父亲买过武器玩具。

家庭教育的方式多种多样，但总的来说，不外乎疾言厉色、心平气和、风趣幽默三种。

家庭教育的本质在"教育"两字，无论哪一种教育方式，都离不开生活理念的灌输，但是不同的灌输方式产生的效果大不相同。疾言厉色的教育可以威慑孩子，但它容易让孩子产生对抗心理，是一种得不偿失的教育方式。心平气和式的教育能使孩子体会到自己与家长在人格上的平等。但由于语言平淡，不疼不痒，无法产生持久的效果。风趣幽默的教育触动的是孩子活泼的天性，因而更能在他们的心灵中留下不灭的印迹，使他们时刻以此警示自己。

幽默是家长与孩子沟通的有效方式。世界上有人拒绝痛苦，有人拒绝忧伤，但绝不会有人拒绝笑声。在教育孩子的时候，家长如果经常能想到"寓教于乐"，再顽皮、再固执的孩子也会转变的。幽默表面上只是一种教育手段，实际上贯穿于其中的是一种乐观精神，一种坚信"明天会更好"的执著，反映了教育的人文本质。

幽默是家庭的"减震器"

有人说幽默是家庭的花絮，有人说幽默是家庭的味精，我说幽默是家庭的"减震器"。

家庭是拉着一家人在生活的道路上前进的马车。生活这条道路，有时笔直平坦，有时坎坷崎岖。要减少和减轻马车经过坎坷崎岖路段时的震动，就必须有减震器，这个"减震器"就是幽默。

美国著名的心理学家赫布·特鲁指出："繁琐的家务需要幽默。"我们每个人都有机会获得幽默，并把它运用在家庭生活中。要做到乐观必须学会幽默。在日常的生活和工作中，难免会碰到

中篇　幽默口才助你走向成功

这样或那样的矛盾、分歧、尴尬,甚至隔阂,影响我们乐观的情绪。而幽默则可以帮助我们化解矛盾,减少分歧,消除尴尬和打破隔阂。幽默主要是通过语言来实现的,幽默的语言有趣、可笑、意味深长,它能使生活充满情趣。哪里有幽默,哪里就有活跃、欢乐的气氛。

家庭是社会的细胞,家庭中尤其需要幽默。原本相对独立的两个人成立了家庭以后,夫妻之间便开始朝夕相处。恋爱时的浪漫、相互间的仰慕都会被越来越具体、越来越琐碎的家务劳动所吞噬,夫妻双方常常会为这些枯燥的永远做不完的家务劳动而发生矛盾,使家庭的欢乐气氛越来越少。而幽默却能使家庭矛盾得到化解。事实证明,如果夫妻双方都有幽默感的话,那么,他们之间的感情纽带就会比别的夫妻更牢固,也更能经受得住生活中的磨难和考验。同时,那些原先繁琐的家务,也会在幽默感的润滑下,变成一曲令人心情愉快的家庭幸福乐章。这样的家庭更具有欢乐的气氛。

夫妻间难免会产生矛盾和争吵。如果双方都没有幽默感的话,小吵就会变成大闹,甚至会发展到不可收拾的地步。

有一个外企员工,工作较忙,下班总不能按时回家,经常是妻子回到家把饭菜做好了他还没回来。时间一长,妻子就不耐烦了。有一次,妻子生气地说:"你还想家,还要吃饭吗?"他不作声,在饭桌上只是一股劲地喝汤。妻子觉得奇怪:"你是不是发神经了?光灌水!"他说:"我怕跟你吵起来,多喝点汤,压压火。"一句话逗得妻子哭笑不得:"真拿你没办法。"边说边给他盛了饭,并夹上一大块鱼端到他面前。他双手接过,风趣地说:"谢谢孩子他妈!"一下子大家都乐了,妻子原先的一肚子气也随之烟消云散。

事实证明,在家庭生活中,幽默可以消除烦恼和忧愁,增进身心健康;可以丰富感情交流,增添生活乐趣;可以化干戈为玉帛,增强家庭和睦,对搞好家庭建设很有好处。

列宁说:"幽默是一种优美的、健康的品质。"愉悦轻松,表达了人类征服忧愁的能力。布笑施欢,令人如沐春风,神清气爽,乐观常在。

用幽默表达对家人的关怀

常常有人问:"爱的喜剧是什么意思?"赫伯这样回答:"如果我们花许多时间、劳力、金钱,来使我们能去爱别人,那就是喜剧;如果我们只花很少力气去使我们显得可爱,那就是悲剧。"心理学家弗洛姆说过:"人想的多半是被爱,较少想到自己爱的能力。"

如果你已为人妻、人母,你有时会抱怨自己受够了:无穷无尽的家务活、吵吵闹闹的孩子,或是电视机老是转到足球赛……

当然,你可以抱怨,可是抱怨一点作用都没有。而如果你用对亲人的爱来接受它们,这便上演了爱的喜剧。

一天,丈夫外出,穿了一件崭新的白上衣,没料到遇上倾盆大雨,全身湿透,不但成了落汤鸡,上衣还沾上了许多污泥。

回到家,看门的狗狂吠不止,并向他扑来。丈夫很生气,正想拿起一根木棒打它时,妻子出来说:"算了吧,别打它。"

中篇　幽默口才助你走向成功

丈夫生气地说："这条狗真可恶！连我也认不出来！"

妻子说："亲爱的，你也要设身处地为它想想，假如这条白狗跑出去变成一条黑狗回来，你能认得出来吗？"

妻子把丈夫比作狗，但这不是嘲讽他，而是夫妻间一种亲昵的举动，妻子用这个小小的幽默来表达对丈夫的关心，丈夫自然会被逗笑，不快也化为乌有。

有时候，亲人难免做错事，比如菜烧煳了、衣服熨坏了。这时他们需要的不是唠叨和责备，而是谅解和安慰，如果能加一点幽默，他们会更加开心，家庭生活会更加幸福和谐。

一对夫妻结婚十五年了，妻子为丈夫煮了十五年的饭。这天，妻子煮的饭很糟糕，是十五年来最糟糕的一次。菜烂了，肉焦了。丈夫默默地坐在饭桌旁嚼着，一言不发，妻子很自责。当她正要开口说话时，丈夫却突然把她紧紧地搂在怀里。

"你这是做什么？"妻子纳闷地问。

"哈哈！"丈夫答道，"今晚这顿饭跟咱们刚结婚的那天煮得一模一样，所以我要把你当新娘子看待。"妻子感动得热泪盈眶。

丈夫的这番幽默所表达的爱和关怀胜过任何没头没脑的责备。充满爱意的幽默让妻子品味出浓浓的关怀，感受到无比的幸福。

夫妻间的关怀需要适时的表达，借助幽默，我们能让自己所爱的人在会心一笑中感受浓浓的爱意和幸福的温暖。

第 11 章
演讲中的幽默

演讲是在比较正式的场合对众人所作的一种带有鼓动性、说服性、抒情性和表演性的讲话。但是，不能因为它比较正式，演讲人就一定要端起架子，板起面孔，做枯燥无味的陈述。所以，营造幽默轻松的气氛是使演讲易于为人接受的一种高明的方法。

☺ 幽默使你的演讲升级

许多优秀的演讲者都善于以幽默风趣的语言紧紧抓住听众的注意力，使听众在会心的笑声中与他产生共鸣，从而比较容易地接受并牢牢记住他的观点。

著名笑星鲍伯·霍普说："题材有出色和平庸之别，但是我知道如何通过时间的控制来使普通的笑话变成很棒的笑话。"

当你为了抓住听众，更好地阐述主题时，插入的幽默笑话或小品必须是毫不做作的。说话要流利，态度要自然，举止要有节制。

芝加哥有一个人，他一心想得到某俱乐部主席的位置。他在一次对俱乐部成员的演说中，表现得过了头，在不到两小时的演

中篇 幽默口才助你走向成功

说过程中,他至少说了 510 则笑话,并配以丰富的表情和引人发笑的手势。

听众们被他逗得哈哈大笑,在他讲完最后一则笑话就要结束时,有人大叫:"再来一个!"

这位老兄真的又来了一个,再次把大家逗得大笑不止。

但是他没有当上俱乐部主席——他的得票数在候选人中位列倒数第二。

当他闷闷不乐地走出俱乐部时,他问那位喊"再来一个"的听众:"你说我比他们差吗?"

"不,一点也不差,"那人说,"你比他们有趣多了,你可以去当喜剧演员。"

作为演讲者,碰到的第一个难题通常是:主持人向听众介绍你,并且称赞你的时候,你应该怎么办?这时,我们不能只是随着主持人的介绍点点头了事。那样的话,就没了幽默感,也不能给听众留下深刻的印象。

如果有人请你去演讲,那么你最好事先写一份自我介绍,在演讲开始前交给主持人。否则,出于礼貌,主持人可能会把你介绍为"著名的……"或"伟大的……"之类的人物。而这些对你将要进行的演讲没有丝毫的帮助。如果你的姓名比较特别或是容易出错的话,那么不妨运用幽默的方式让主持人知道。著名演讲家德克就是这方面的行家。下面是他和主持人之间的一段对话:

"您怎么称呼,先生?"

"哦,我叫德克。"

"您是得克萨斯州人吗?"

"不，我是路易斯安那州人。"

"那您为什么取名德克？"

"我想我叫德克该比路易斯好些吧。有这样一个怪名字确实有好处，不过我还没发现好处在哪儿。"

这是介绍自己的一种好方式。不过，要注意的是，你一定要把自己的介绍词建立在真实可信的基础上，而且要简洁易懂，让主持人一看就明白。这样的话，主持人也会乐于与你合作。在你与介绍人之间建立融洽关系的基础上，你还得运用幽默的力量来随机应变。

有位演说家在主持人介绍失误之后，面带微笑从容地说："我希望我能说这是一次最好的介绍，但是实际上不是。你们知道我感到最满意的一次介绍是怎样的吗？那是一次面对千万人的演讲会，我非常盼望得到'最伟大'的介绍，结果我终于得到了。那就是由我自己介绍自己。"

场下大笑，演说家也渡过了难关。

😃 以幽默作为开场白

演讲的开场很重要，它可以奠定整个演讲的基调。就演讲者来说，如果他一开始讲话就很严肃，那么接下去的演讲就很难活跃起来。而演讲者与听众的关系一旦在开始时就是疏远和有隔膜的，以后也不好拉近距离。

所以，开场时幽默一下是有好处的。它可以使演讲者和听众

中篇　幽默口才助你走向成功

都处于轻松的状态之中，缩短双方的距离。

而且，在演讲的正文开始以前，逗乐有充分的自由，有各种各样逗乐的题材和方式。

有人是以开自己玩笑的方式走上讲台的。让我们来聆听一下芝加哥两位演说家的开场白：

第一位报出了自己的名字，然后说："不知道在场的有没有我小时候的伙伴？他们知道我有一个不光彩的绰号，但愿他们都没在场！"

第二位的开场白更引人注目。这是个身材高大的家伙，五官也大得出奇。他说："女士们，先生们，你们已看到我是个什么样的人了。我的耳朵很大，像贝多芬。可是长大以后，我为这对耳朵感到害臊了。不过，现在我对它们已经习惯了。说到底，它对我站在这儿演讲并没有什么妨碍！"

本来，在第一位演说完后，听众已经有点困乏了，但是第二位演说者的开场白又使他们的神经活跃起来，笑声驱逐了困乏。

这些风趣的开场白，无疑要比单调刻板的自我介绍强多了。

以幽默驾驭听众

一次演讲要达到打动听众、激励听众的效果，除了讲究以情动人、以理服人外，对演讲内容的精心策划和安排也十分重要。演讲者不能板起面孔光讲大道理，来显示自己演讲的深刻和发人深省；也不能光以表达自己的思想和情感为满足。如果流于空洞的说教、现象的罗列和人云亦云的老生常谈，听众的注意力就无法集中，演讲也难有好的效果。演讲需要浅显易懂，但并不是要一味地开门见山，直截了当。"文似看山不喜平"，好的演讲必须讲究疏密相间、张弛有度，才能引起听众的全神贯注和投入。有时候讲求的曲折和波澜更有利于演讲的引人入胜。

让我们来看鲁迅先生的一篇演讲《娜拉走后怎样》。这是鲁迅先生于1923年12月26日，在北京女子高等师范学校任教期间为学生们做的演讲。这篇演讲谈的是关于妇女解放、男女平等的严肃话题，阐述了娜拉出走不是妇女解放的根本出路，妇女要实现解放，实现男女平等，首先要取得平等的经济权，并且要进行艰苦的经济制度的革命这样一个深刻的主题。

但鲁迅并没有让听众绷紧神经听大道理，而是从易卜生的戏剧《娜拉》说起，谈到了有些人认为娜拉后来不是堕落，进了妓院，就是无路可走，只得回家。这里鲁迅充分发挥了演讲疏密相间的特点，引申开去，说道："人生最苦痛的是梦醒了无路可走。""假如寻不到出路，我们所要的就是梦；但是万不可做将来的梦，只要眼前的梦。"然而娜拉既然醒了，是很不容易回到梦境的，因此只得走；可是走了以后，有时却免不了堕落或回来。否则，就得问："她除了觉醒的心以外，还带了什么去？倘只有一条像诸君一样的紫红的绒绳的围巾，那可是无论宽到二尺或三尺，也完全是不中用。她还须更富有，提包里有准备，直白地说，就是要有钱。""梦是好的，否则，钱是要紧的"。鲁迅的这段演讲听起来似乎漫不经心，像是在闲聊，又像在开玩笑，实际上与演讲的主题有深刻的关联，那就是娜拉出走，除了内心的觉醒，还要解决生存的问题。鲁迅用通俗幽默的语言，联系听众的实际穿着打扮，娓娓道来，表面上轻松随意，实际上让听众在张弛有度的

中篇　幽默口才助你走向成功

形象化的讲述中，不知不觉地跟着演讲的思路走，并且用一句"梦是好的，否则，钱是要紧的"这话引出演讲的主题，做到了疏密得当，引人入胜。

古人提倡写文章"谓如风行水上，自然成文"（宋朝刘器之语），好的文章讲究自然流露，就像风行水上时疏时密，时缓时紧，水面上才能形成美丽别致的水波。如果一味急风骤雨，或狂轰滥炸，无论如何也成不了美丽的风景。一篇成功的演讲也是如此，不能平铺直叙，让人如同喝白开水；也不能让人听得喘不过气来。要想让演讲生动感人，内容安排上就要讲究丰富多彩，讲究疏密相间，摇曳多姿；有波澜，有起伏，时而轻松，时而严肃，在张弛有度的语言环境中，潜移默化地引导听众，感染听众。

如何做到演讲时内容生动、疏密得当呢？从许多成功的演讲中，我们可以看到，精心构思，精心安排，注重演讲节奏和中心的突出，精心选择和组织材料，讲究语言的变化多端，使演讲波澜起伏，环环相扣，是成功演讲的关键。

以幽默应付临场意外

有时演讲会遇到一些意外情况，比如听众寥寥无几，有人故意捣乱，听众提出刁钻古怪的问题，听众反对演说者的观点，等等。遇到这些情况，千万不能气馁、动怒、粗鲁地对待，那样会使演讲遭到惨败。而优秀的演说家能以幽默的方式沉着机智地应付各种意外情况的发生。

有一次林语堂在美国哥伦比亚大学讲授中国文化课，对中国文化大加赞誉。一位女学生不服气地发问:"林博士,你是说,什么东西都是你们中国的好,难道我们美国就没有一样东西比得上中国的吗?"这是一个不好回答的问题,如果演讲者反过来赞扬美国,不利于演说的主题;如果严肃地表示美国不如中国,会引起在座学生的敌意。

林语堂只是轻松地回答:"有的,你们美国的抽水马桶就比中国的好嘛。"

他的话引起哄堂大笑,气氛活跃而和谐,发问者对这一回答也无话可说。

在演讲中遇到听众有不同意见,不可漠然视之,如果不予以恰当的处理,后面的演讲将难以顺利进行。

有时演讲者还会碰到恶意的攻击或咒骂,如果演讲者勃然大怒或与之对骂,将损害演讲人的形象,使捣乱者的阴谋得逞。

英国首相威尔逊有一次在民众大会上演讲,遇到一些激烈的抗议,一名抗议者高声骂道:"垃圾!"威尔逊镇定地说:"先生,关于你特别关心的问题,我们等一会儿就讨论。"

他巧妙地将抗议者的谩骂转为现实生活中需要解决的一个问题,为自己解了围,并使会场气氛松弛下来,他的被动处境也就此摆脱了。

美国政界要人凯升首次在众议院发表演说时,打扮得比较土气。一个议员在他演讲时插嘴说:"这位伊利诺伊州来的人,口袋里一定装满了麦子呢!"众人听了哄堂大笑。

中篇　幽默口才助你走向成功

凯升不慌不忙地说:"真的,我不仅仅口袋里装满了麦子,而且头发里还藏着许多菜子呢。我们住在西部的人,多数是土头土脑的。"他的自嘲式的坦率赢得了大家的好感和敬意,接着,他大声说:"不过我们藏的虽是麦子和菜子,却能长出很好的苗子来!"

众人对这位不卑不亢的演说者鼓掌赞赏,他的演说成功了。

幽默使结尾余音绕梁

在多种多样的演讲结束语中,幽默式结尾可算是其中极有情趣的一种。一个演讲者能在结束时赢得笑声,不仅是自己演讲技巧十分成熟的表现,更能给本人和听众双方都留下愉快美好的回忆,也是演讲圆满结束的标志。

我国著名作家老舍先生是好幽默的。他在某市的一次演讲中,开头即说:"我今天给大家谈六个问题。"接着,他第一、第二、第三、第四、第五,井井有条地谈下去。谈完第五个问题,他发现离散会的时间不多了,于是他提高嗓门,一本正经地说:"第六,散会。"听众起初一愣,不久就欢快地鼓起掌来。

老舍在这里运用的就是一种"平地起波澜"的造势艺术,打破了正常的演讲内容,从而出乎听众的意料,收到了幽默的效果。

有一年,全国写作协会在深圳罗湖区举行年会。开幕式上,省、市各级有关领导论资排辈,逐一发言祝贺。轮到罗湖区党委书记发言时,开幕式已进行了很长时间。于是他这样说:"首先,我代表罗湖区委和区政府,对各位专家学者表示热烈的欢迎。"掌声过后,稍事停顿,他又响亮地说:"最后,我预祝大会圆满成功。我的话完了。"他以迅雷不及掩耳之势结束了演讲。

听众开始也是一愣,随后,即爆发出欢快的掌声。因为,从"首先"一下子跳到"最后",中间省去了其次、再次、然后这样的讲话,如天外来石,出人意料,达到了石破天惊的幽默效果,确实是风格独具,别出心裁。

某大学中文系的一次毕业生茶话会上,首先讲话的是系党总支书记,三分钟的即兴讲话主要是向毕业生表示祝贺。然后是彭教授讲话,主题是希望同学们继续努力学习,还引用了列宁的名言。第三个讲话的潘教授朗诵了高尔基的《海燕》片断,以此勉励毕业生们学习海燕的精神。第四个讲话的系副主任希望同学们永远记住母校和老师们。紧接着,毕业生们欢迎王教授讲话。在毫无准备而又难以推辞的情况下,王教授站起来,先简单地回顾了数年来与同学们交往的几个难忘片断,最后一字一顿地说:"前面几位给大家提出了殷切的希望,可我还是喜欢说他们说过的话。(笑声)第一,我要祝同学们顺利毕业!(笑声)第二,我希望同学们'学习、学习、再学习'。(笑声)第三,我希望同学们像海燕一样勇敢地搏击生活的风浪。(笑声、掌声)第四,我希望同学们不要忘记母校,不要忘记辛勤培育你们的老师们!"

在这里,王教授通过对前面四个人的演讲主题的简练概括,

中篇　幽默口才助你走向成功

旧瓶装新酒，不落窠臼，完成了一次机智、风趣且具有个性特点的演讲。

鲁迅先生在结束上海中华艺术大学的演讲时说：

"以上是我近年来对于美术界观察所得的几点意见。今天我带来一幅中国五千年文化的结晶，请大家欣赏欣赏。"

说着，他一手伸进长袍，把一卷纸慢慢从衣襟上方拿出，打开一看，原来是一幅病态丑陋的月份牌。顿时全场大笑。

鲁迅先生借助恰到好处的道具表演，与结束语形成鲜明的对比，极具幽默。不仅使演讲在欢快的气氛中结束，而且使听众能在笑声中进一步品味先生演讲的深意。

在延安的一次演讲会上，当演讲快结束时，毛主席掏出一盒香烟，用手指在里面慢慢地摸，但掏了半天也不见掏出一支烟来，显然是抽光了。有关人员十分着急，因为毛泽东烟瘾很大，于是有人立即动身去取烟。毛泽东一边讲，一边继续摸着烟盒，好一会儿，他笑嘻嘻地掏出仅有的一支烟，夹在手指上举起来，对着大家说："最后一条！"

这个"最后一条"，既是指毛主席的话是最后一个问题，又是指最后一支烟。一语双关，妙趣横生，全场大笑，听众们的一点疲劳和倦意也在笑声中一扫而光了。

美国诗人、文艺评论家詹姆斯·罗威尔于1883年担任驻英大使时，在伦敦举行的一次晚宴上发表了一篇名为《餐后演讲》

的即席演说。最后他说:"我在很小的时候听人讲过一个故事,讲的是美国一个卫理公会的牧师。他在一个野营的布道会上布道,讲了约书亚的故事。他是这样开头的:'信徒们,太阳的运行方式有三种:第一种是向前或者说是径直的运动;第二种是后退或者说是向后的运动;第三种即是在我们的经文中提到的——静止不动。'(笑声)先生们,不知你们是否明白这个故事的寓意,希望你们明白了。今晚的餐后演讲者首先是走径直的方向(起身离座,做示范)——即太阳向前的运动。然后他又返回,开始重复自己——即太阳向后的运动。最后,凭着良好的方向感,将自己带到终点。这就是我们刚才说过的太阳静止的运动。"

这种紧扣主题的传神表演,惟妙惟肖,天衣无缝,怎能不赢得现场观众的热烈掌声和欢笑声呢?

中篇　幽默口才助你走向成功

第12章
谈判中的幽默

谈判是我们每个人在生活和工作中不可缺少的活动。当我们为了达到某种目的或获得某种利益，而需要和有关方面达成一致意见时，就要和对方进行商谈。

谈判的技巧有多种，在此我不想面面俱到地谈那么多，只想和大家一起欣赏一下幽默语言在谈判中的妙用。

君子雄辩，幽默助阵

有一位教徒问神甫："我可以在祈祷时抽烟吗？"他的请求遭到神甫的严厉斥责。而另一位教徒又去问神甫："我可以吸烟时祈祷吗？"后一个教徒的请求却得到允许，悠闲地抽起了烟。

这两个教徒发问的目的和内容完全相同，只是谈判语言的表达方式不同，得到的结果便完全相反。由此看来，表达技巧高明才能赢得期望的谈判效果。

谈判的语言技巧在营销谈判中运用得好可带来营业额的高增长。

某商场休息室里经营咖啡和牛奶,刚开始服务员总是问顾客:"先生,喝咖啡吗?"或者是问:"先生,喝牛奶吗?"销售额一直平平。后来,老板要求服务员换一种问法,即"先生,喝咖啡还是牛奶?"结果其销售额大增。原因在于,第一种问法容易得到否定回答,而后一种是选择式,大多数情况下,顾客会选一种。

如果你想到某家公司担任某一职务,希望年薪2万元,而老板最多只能给你1.5万元。老板如果说"要不要随便你"这句话,就有攻击的意味,你可能扭头就走。而老板不那样说,而是这样跟你说:"给你的薪水是非常合理的。不管怎么说,在这个等级里,我只能付给你1万~1.5万元,你想要多少?"很明显,你会说"1.5万元",而老板又会好像不同意地说:"1.3万元如何?"

你继续坚持1.5万元,其结果是老板投降。表面上,你好像占了上风而沾沾自喜。实际上,老板运用了选择式提问技巧,你却自己放弃了争取2万元年薪的机会。

当你作为顾客与店主进行谈判时,你有没有运用语言技巧呢?

我们不妨先看一则笑话。

有一次,一位贵妇人打扮的女人牵着一条狗登上公共汽车,她问售票员:"我可以给狗买一张票,让它也和人一样坐个座位吗?"售票员说:"可以,不过它也必须像人一样,把双脚放在地上。"

售票员没有给出否定的答复,而是提出了一个附加条件:像

中篇　幽默口才助你走向成功

人一样,把双脚放在地上。用这种方式限制对方,从而制服了对方。

学会谈判并不是一件难事,只要你努力学习,掌握相关的谈判技巧和策略,你一定能够成为谈判高手。

以幽默创造良好的谈判气氛

有一个"抽走瓦斯"理论,就是当谈判双方敌对的立场越来越尖锐、火药味越来越浓,好比弥漫着瓦斯,随时都有爆炸可能的时候,就必须设法抽走瓦斯。

有一次,美国总统杜鲁门与墨西哥总统就美墨之间的国界问题进行谈判时,由于彼此互不相让,瓦斯弥漫,谈判似乎随时都会破裂。

看到这种情形,杜鲁门不慌不忙,立刻请求暂时休会,然后大家开始喝咖啡聊天。他说了一则笑话,大家笑得人仰马翻。墨西哥总统也随之说了几则墨西哥笑话,增添了诸多和谐的气氛。

回到谈判桌后,气氛变得非常融洽,诸多难题迎刃而解,谈判于是大获成功。

从这则历史小故事中,我们学到了"抽走瓦斯理论"三原则中的两个原则:以幽默抽走瓦斯,以休会或暂停抽走瓦斯。

抽走瓦斯理论的另外一个原则是:事先准备好调停人员,以便危急时抽走瓦斯。

不要让谈判轻易破裂。参与谈判的人必须有维护谈判的决心和勇气,当然他们应该懂得如何抽走瓦斯。

既然幽默在谈判中相当重要，但是幽默又不是人人都可能具备的个性，所以，除了遗传、环境等因素之外，还要靠自己努力培养。

以幽默回敬对方的无礼攻击

谈判的双方要相互尊重。不管双方代表在个人身份、地位上有多大差异，他们所代表的组织在力量、级别等方面如何强弱悬殊、大小不均，一走到谈判席上，就是平等的。

但是，有的谈判代表自恃地位高贵，或背后实力强大，在会谈中傲慢无礼，对另一方挖苦攻击，试图在气势上压住对方，迫其屈服；也有的代表自身涵养不好，谈判不顺利时恼羞成怒，对另一方侮辱谩骂。在此类情况下，如果要不辱使命，不失气节，又不致激化矛盾，使谈判破裂，被攻击的一方可以使用幽默语言回敬无礼的一方，煞住其气焰。

战国时代，齐国大夫晏子出使楚国。楚王想在接见他之前先侮辱他一番，以此来挫一挫齐国的威风。楚王派人把城门紧紧关闭，然后在城门的边上凿了一个仅能容一人通过的小洞，让晏子从这个小洞钻进城内。换了别人，也许会大发脾气或怒而返回，那样就难以完成使命了。

晏子只是轻蔑地一笑，说："只有出使狗国的人才从狗门进去，现在我是出使堂堂的大国楚国，怎能从这样的狗门进去呢？"楚王听说后无言以对，只好命人大开城门把晏子迎了进去。

楚王接见晏子时，看他身材矮小，就挖苦地说："难道齐国

中篇　幽默口才助你走向成功

没有人了吗?"

晏子随口应答:"齐国首都临淄大街上的行人太多了,举袖子就能把太阳遮住,流的汗像下雨一样,人们比肩接踵,怎么会没有人呢?"

"既然有这么多人,怎么会派你这样的矮子为使臣呢?"

"我们齐王派出使者是有标准的,最有本领的人,派他到最贤明的国君那里去。我是齐国最没出息的人,因此被派到楚国来了。"

晏子面对楚王对自己的人身侮辱,从容反击,他顺着楚王的话贬低自己,抬高自己的国家,同时有力地奚落了楚王,说得楚王张口结舌。

晏子以自己的机智和雄辩,打击了对方的嚣张气焰,维护了自己的尊严,从而为后来的谈判在平等互利的基础上进行铺平了道路。

化干戈为玉帛的必需品

聪明人总爱装糊涂,因为糊涂能够体现智慧。有很多场合,常常会出现意外事件,如果不能妥善处理,就会发生难堪的事,从而破坏现场气氛。这时不妨幽默一下,就坡打滚,或许就能挽回看似无法挽回的尴尬局面。

在一家药店里,一位顾客气愤地对经理说:"一星期前,我在这买的生发膏,我用了一点作用也没起,我要求退款。"

"为什么？"

"你说，它可以与脱发作斗争的，可是不顶用。"

"您再试试看。我是说过，这种生发膏可用来与脱发作斗争，但并未说，它最终一定能取得胜利。"

在商务谈判中，不仅自己要保持语言的严谨性，而且也要仔细琢磨谈判对手的语言，找准关键字眼，说不定也能随时给对方以致命一击。

在美国的一个犹太人聚集地，一位富翁请一位犹太画家为他画肖像。犹太画家精心地为富翁画好了肖像，但富翁却拒绝支付议定的5 000元报酬，理由是："你画的根本不是我。"不久，画家把这幅肖像公开展览，题名为《贼》。富翁知道后，万分恼怒，打电话向画家抗议。

"这事与你有什么关系？"画家平静地说，"你不是说过了吗？那幅画画的根本就不是你！"

富翁不得不买下这幅画，改名为《慈善家》。

当对方不愿意履行承诺的时候，当你的劳动成果就要付诸东流的时候，你要冷静地对待所遇到的事，找到对方的要害，用最巧妙、最经济的方式迫使对方就范。

☺ 以幽默取得讨价还价的成功

在商业谈判中，价格问题是最关键的一环。双方常常在这个

中篇　幽默口才助你走向成功

问题上争执不休、相持不下，都想最大限度地争取到有利于己方的价格。我们来看两个以幽默的方式取得讨价还价成功的例子。

世界上第一位女大使柯伦泰曾经被任命为苏联驻挪威全权贸易代表。一次，她和挪威商人谈判购买挪威鲱鱼。挪威商人开价高得惊人，她的出价也低得使人意外。双方开始讨价还价，在激烈的争辩中，双方都试图削弱对方的信心，互不让步，谈判陷入僵局。最后柯伦泰笑笑说：

"好吧，我同意你们提出的价格。如果我的政府不批准这个价格，我愿意用自己的工资来支付差额。但是，这自然要分期支付，可能要支付一辈子。"

挪威商人在这样一个谈判对手面前没办法了，只好同意将鲱鱼的价格降到柯伦泰认可的水准。

柯伦泰用了虚晃一枪的战术，她同意对方的要价是假的，只是为了让对方明白！这样的高价苏联政府根本不会批准，即使她个人让步也是没用的。

有一次，三名日本航空公司代表与美国某公司的经理进行业务洽谈。美国经理表现得精明能干，两个半小时中滔滔不绝，以各种数据材料论证他们的开价。同时，几个日本商人则一言不发地呆坐在那里。

最后，美方经理认为已经做了充分的论证，自信能够争取到有利于自己的价格，这才充满希望地问日本人：

"好啦，我说完了，你们有什么想法？"

"我们没听懂。"日本人很有礼貌地回答。

美方傻眼了："你们什么意思？没听懂？哪个地方没听懂？"

"你讲的全部。"日本人彬彬有礼地要求，"你能再给我们讲一遍吗？"

美方经理的信心与热情被当头泼了一瓢冷水，原来自己的长篇大论都白说了，而再次陈述两个半小时显然是不可能的。美方只好同意降低价格。

☺ 以幽默的语言说服谈判对手

在谈判中，有时谈判对手固执己见，坚持明显不正确不合理的要求，这时我们可以打破常规思维，从一个人们意想不到的角度提出一个荒唐的意见，使对方在发笑的同时，明白自己见解的不妥，这时我们再趁热打铁，就能取得谈判的胜利。

1946年5月，远东国际军事法庭审判以东条英机为首的28名日本甲级战犯，因为排定座次问题，10个参与国的法官们展开了一场激烈的争论。中国法官理应排在庭长左手的第二把交椅。可是由于中国国力不强，而被各强权国所否定。

在这种情况下，中国出庭的法官梅汝璈面对各国列强据理力争。他首先从正面阐明，排座次应按日本投降时各受降国的签字顺序排列，这是唯一正确的原则立场。正面讲完道理，还不能说服列强，他接下来运用幽默战术。

只见他微微一笑说：

"当然，如果各位同仁不赞成这一办法，我们不妨找个体重

中篇　幽默口才助你走向成功

测量器来，然后以体重大小排座次，体重者居中，体轻者居旁。"

各国法官都忍不住地笑起来。庭长说："你的建议很好，但它只适用于拳击比赛。"

梅法官接着说：

"若不以受降国签字顺序排座，那还是按体重排好。这样纵使我被置末位也心安理得，并可以对我的国家有所交代，一旦他们认为我坐在边上不合适，可以派一个比我肥胖的来换我呀。"

这话令全场大笑起来。

梅法官的幽默有很强的讽刺性。在这个举世瞩目的国际法庭上竟要按体重来排座次，真是荒唐之极。这个荒唐的提议虽然引人发笑，但是能够有力地说明各国列强在以强凌弱，蛮不讲理。这种幽默的方法比正面讲理更有说服力。

下篇

幽默口才带来人生乐趣

幽默是智慧的迸发,是善良的表达,是人生的助推器,更是一种胸怀、一种境界。

幽默的人具有宽容、自信、豁达、乐观的心态,幽默使生活充满乐趣与生机。同样,具有这种品质的人能够正面现实,笑对人生。

幽默是一种文化的积淀,需要达到一定层次的文化水准。一个人知识的存储量与个人的涵养是呈正比的。知识渊博的人,才能具有审时度势的能力,才能够谈资丰富、妙言成趣。

下篇　幽默口才带来人生乐趣

第 13 章
幽默技巧

幽默使人的生活变得更轻松，使人的头脑变得更冷静。幽默的存在是有条件的，就是大家要用足够的宽容来理解和承担它，然后再去享受它。说者脱口而出，听者宽宏旷达，彼此自然达到幽默的境界。

幽默是吹出来的

荒谬的夸张几乎总能引起人们发笑，因为荒谬夸张本身包含了不协调，从而能够产生强烈的幽默效果。

以相声《笑的研究》为例：

甲：常言说，笑一笑，少一少。

乙：不，应该是：笑一笑，十年少。

甲：一笑就年轻十岁？

乙：啊！

甲：你这是定期的！我那是活期的。

乙：我们俩存款呢。

甲：你这理论不可靠！

乙：怎么？

甲：那谁还敢听相声？

乙：怎么不敢听啊？

甲：你今年多大岁数？

乙：四十。

甲：笑一回剩三十，笑二回剩二十，笑三回剩十岁，说什么也不敢再笑了。

乙：怎么？

甲：再一笑没啦！来的时候骑车子，走的时候抱走啦！剧场改托儿所啦！

这就是夸张。但这里的夸张不是纯粹的、荒谬的夸张。所谓纯粹、荒谬的夸张，指的是放开胆子吹牛。可以说相声如果没有夸张，便几乎不能称其为相声。而夸张也是幽默的重要基石，它能使平凡的生活琐事被放大一层，从而产生强烈的幽默感。

吹牛大王不仅中国有，老外中也有不少，如果举办一场国际性的吹牛比赛，还不知金牌落在谁家。

一个法国人、一个英国人和一个美国人在一起吹嘘他们本国的火车是如何如何的快。

法国人说："在我们国家，火车快极了，路旁的电线杆看起来就像花园中的栅栏一样。"

英国人忙接上说："我们国家的火车真是太快了！得往车轮上不断泼水，不然的话，车轮就会熔化。"

"那又有什么了不起！"美国人不以为然地说，"有一次，

下篇　幽默口才带来人生乐趣

我在国内旅行,我女儿到车站送我。我刚坐好,车就开动了。我连忙把身子探出窗口去吻我的女儿,却不料吻着了离我女儿6英里远的一个满脸黑乎乎的农村老太婆。"

吹牛的笑语很多,你平时既可收集,也可以创作。有时你也不妨试着吹吹牛,反正吹牛不用上税,也不会有其他麻烦。美国有个吹牛者俱乐部,专以荒谬夸张吹牛为乐,可见这种幽默技巧之实用。

歪打正着的轻喜剧

"歪打正着"是一种因果关系非常自由的幽默技巧。它的特点是起因与结果的不相干或不相称。

随便打开一本西方的连环画,你便不难找到偶然巧合的连锁反应。例如,一位先生匆匆忙忙冲进一间客厅,不巧碰到一位太太身上,这位太太的茶杯又落到一位老先生身上,而老先生碰碎一块窗玻璃,窗玻璃落到街上又正好打中警察的脑袋,警察发动全城的同伴追查,如此等等。非必然非因果性的成分越多,越能引起人的喜剧感。这种喜剧风格在西方文艺中是有传统的。试回忆一下塞万提斯的《堂·吉诃德》,里面有一场客店的戏,骡夫纯出偶然,揍了桑乔一下,桑乔又打了老板,老板又摔倒在马立托奈斯身上。在现代西方喜剧中,这属于通俗喜剧,原因是由纯粹的偶然性叠加而成。柏格森把这种形式称为"滚雪球"的形式,它的功能是一系列的误会使原来正常的动因变成了歪曲的结果,而且越来越歪,离原来的目的也越来越远。

我国有许多喜剧之所以没有喜剧味道，就是因为不善于歪打而正着，实际上就是不善于使读者和观众在一次次期待落空之后，并准备着再一次落空之时，突然地、偶然地、意外地把落空变成落实。风靡西方和中国的"唐老鸭的故事"常常把落空积累到极点时，突然让观众惊讶于愿望的落实。

在中国的古典正统文学中很少有这样淋漓尽致的喜剧，但在民间文艺中则不乏此种风格的精品。有一个单口相声叫作《小神仙》，说的是一个相面的迷信职业者，善于制造耸人听闻的效果。一天，一个老头子抱着一把宜兴壶往场里挤，正烫着一个小伙子的胳膊，两个人吵了起来。小神仙为稳住看客，就对老头子说："你的这把壶出了格啦，今天、明天、后天这三天要摔破。要是三天不摔破，保存到第四天，就会价值连城，赛过聚宝盆呐。"老头子立即回家寻找安全之地，最后在墙上掏了个洞，把壶放在里边。谁知邻居只有一身做客衣服，白天穿，晚上洗，要在房间里搭根竹竿晾干，隔墙钉钉，一锤子正锤在老头子的壶上，果然碎了。

这是古典型的歪打正着，严重结果与完全不相干的原因形成反差。

有时并不一定是期待的落实，而是相反，在期待和愿望层层演进的过程中，突然无可奈何地落了空。这是西方古典喜剧或幽默小说的常用手法。

☺ 大词小用令人捧腹

所谓"大词小用"，就是运用一些语义分量重、语义范围大的词语来表达某些细小的、次要的事情，通过所用词的本来意义

下篇　幽默口才带来人生乐趣

与所述事物内涵之间的极大差异，造成一种词不符实、对比失调的关系，由此引出令人发笑的幽默。例如：

某校一次年级老师会议上，最后一个议题是决定学生春游的具体时间和地点。老师们各持己见，意见很多。最后，年级组长提议利用三天时间带领全年级学生同游青城山。这个提议很快得到了"共识"。

在一片笑语欢声中，某老师正色且大声地说道："组长，'疾风知劲草，国难识忠臣'，我是坚决拥护您的，跟着您寸步不离。头可断，血可流，到了山上也绝不把您丢！"

一个普通得再普通不过的人，面对一件极小的事情和说不上是"七品芝麻官"的年级组长，竟说出了类似"文革"中"站队"的言词，且用上了只有对领袖才用的词语。这些"重大"的词语突然"屈尊"于这轻松、随和的语境，显得极其不协调。然而正是这种"大"与"小"、"重"与"轻"的言和境对比的失调，才创造出幽默的韵味，活跃了交际氛围。

作家冯骥才访问美国，有非常友好的华人夫妇带着他们的孩子来拜访，双方交谈得投机之时，冯骥才突然发现那孩子穿着皮鞋跳到了床单上。这是一件令人很不愉快的事，而孩子的父母竟然浑然不觉。此时，任何不满的言语或行为都可能导致双方的尴尬。怎样让孩子下床呢？

冯骥才很轻松地解决了，凭着他的阅历和应变能力，他幽默地对孩子的母亲说："请您把孩子带回到地球上来。"主客双方会心一笑，事情得到圆满的解决。

在这里，冯骥才只玩了个"大词小用"的花样，把"地板"换成了"地球"，但整个意义就大不相同了。地板是相对于墙壁、天花板、桌子、床铺而言，而地球则相对于太阳、月亮、星星等而言。"地球"这一概念，把主客双方的心灵空间融入了茫茫宇宙的背景之中。这时，孩子的鞋子和洁白的床单之间的矛盾便被孩子和地球的关系淡化了。

将一些用于庄重场合的比较严肃的语言运用于表现"凡夫俗子"的日常生活，这就是"大词小用"的幽默技巧。

著名演员赵本山主演的获奖小品《相亲》，就有这样的台词："你打小归父母管，出嫁了归丈夫管，老了又归儿女管，你啥时候能给自己承包一段，自己说了算。"还有："儿女的信，父母看就是领导审查。"

在这里，作者把"承包"、"领导审查"这些政治经济生活中的术语，巧妙地运用在日常普通生活中。观众的笑声、掌声便证明了它的幽默与魅力。

有一位作者撰文介绍著名演员葛优时说："燕京饭店附近有一座高楼，其中一套住着一个前额是'广阔天地大有作为'的小伙子，他叫葛优。"

这里把当年用于号召知识青年上山下乡的"毛主席语录"用来形容葛优的形象，既让人想到他的高额大脑的长相，又让人联想到他在喜剧表演艺术上的功力以及他大有可为的远大前程。

下篇　幽默口才带来人生乐趣

在社交活动和日常生活中，类似地把男女恋爱关系的结束戏称为"断绝外交关系"，把参加工作后的第一天上班谓之"走马上任"，甚至把患"妻管严"的丈夫对妻子的谈话戏谑为"早请示，晚汇报"等，都属于"大词小用"法的类型。

"大词小用"作为幽默技巧之一，随着它在日常生活和现代社交活动中的广泛应用，将给人们的生活带来越来越多的欢乐和笑声。

☺ 随意可成就幽默

"随意成趣"，是对产生幽默趣味的种种技巧的综合运用，乍一听，是信口开河，再一想，却耐人寻味。

我们这里所说的随意，并不像海市蜃楼那样虚无缥缈，让人难以捉摸，而是贴近生活的。完全可以套用一句搓麻将的术语：自摸。

随意就是顺其自然，自然才能成趣。枯藤老树昏鸦，小桥流水人家……这是古典意趣；白天鹅宾馆、金三角企业家俱乐部、新空气艺术团、知了书屋、阿信小吃店、咪咪发廊……则颇有现代气息。

要是来个无底洞夜总会、聊斋咖啡屋、野猪林舞厅，这样取名不伦不类不说，又有谁敢去问津光顾呢？

因此，运用"随意成趣"的幽默技巧，要具备两个条件：一是和谐，二是自然。

夏夜，有个人在朋友家小坐。

啪的一声,他打死一只蚊子。一摸,胳膊上已经鼓起一个大包。

"咦!这蚊子怎么专叮外来人啊?"

"这是我们家的看家蚊子!"男主人笑了。

"哼!"女主人却借题发挥,说:"连我家的蚊子也学会喜新厌旧了。"

一时不知道这话里包的是什么馅,客人坐也不是,走也不是。

"嗯……啊……明白明白……"客人突然自言自语,念念有词。

"你在跟谁说话呢?"女主人惊异地问。

"你没看到你们家的看家蚊子在跟我咬耳朵吗?"

"那它跟你说什么?"女主人脸上的乌云散开了。

"它说哼哼哼,又说嗡嗡嗡。听懂了吧?"

"我又不是蚊子!"女主人忍不住笑了。

"它对我说,我咬了你一口,才知道你是个男的,要不然,我还当你是第三者插足呢。"

大家都笑了。幽默趣味驱散了夫妻间即将发生的一场风波,这就是和谐。

借语作桥找幽默

"借语作桥"是指交谈中的一方从另一方的话语中抓住一个词语,以此为过渡的桥梁,并用它组织成自己的一句对方不愿听的话,反击对方。

过渡桥梁有一个特点,那就是两头相通,且要契合自然,一

下篇　幽默口才带来人生乐趣

头与本来的话头相通，另一头与所要引出的意思相通，并以天衣无缝为上。

马克·吐温有一次在邻居的图书室浏览书籍，发现有一本书很吸引人。他问邻居是否可以借阅。

邻居说："欢迎你随时来读，只要你在这里看。你知道我有个规矩，我的书不能离开这个房子。"

几个星期后，这位邻居来访马克·吐温，向他借用锄草机。马克·吐温说："当然可以，但是按我的规矩，你得在这栋房子里使用它。"

马克·吐温的幽默感表现在借用对方的词语表述了与对方意愿相悖的意思。

"借语作桥"法的难处，不是寻找两头契合的词语，而是从对方的话头中看中一个词语，把它抽出来，这个词语要便于组成你自己的语句。这好像是小学生做造句练习，不过比小学生的造句练习多了一个要求，那就是造出来的句子意思不得与对方的愿望一致或相似，只能与对方的愿望相反或相错。

英国作家理查德·萨维奇患了一场大病，幸亏医生的医术高明，才使他转危为安。但欠下的医药费他却无法付清。最后医生登门催讨。

医生："你要知道，你是欠了我一条命的，我希望有价报偿。"

"这个明白。"萨维奇说："为了报答你，我将用我的生命来偿还。"说罢，他给医生递过去两卷本《理查德·萨维奇的一生》。

这比向对方表示拒绝或恳求缓期付款要有趣得多。其方法并不复杂,不过是接过对方的词语(生命),然后以歪解,把"生命"变成"一生"。显然,两者在内涵上并不一致,但在概念上能挂上钩就成。

"借语作桥"法的功能很多,不一定都得用于斗智性的戏谑,也可用于一般性的调侃。其特点是抓住对方话头中的一个词语,构成一个无任何攻击性的句子。

"借语作桥"在于接过话头以后,还要展开你想象的翅膀,敢于往脱离现实的地方想,往荒唐的、虚幻的地方想。千万别死心眼、傻乎乎,越是敢于和善于胡说八道,越是惹人喜爱。

推陈出新来自模拟幽默

"模拟幽默"就是把大家熟悉的原本的语言情境,移置新意,与原意形成对照,从而产生不协调之趣,造成幽默感。

运用"模拟幽默"要把握好这样三个字:名、热、新。

名,就是你所模拟的应当是知名度高的名篇、名言、名句,或大家熟悉的成语、台词、俗话等。

热,就是你要表达的内容应与时代合拍,最好是人们关心思考或者有争议的热门话题,这样就能很快引起人们的联想,产生共鸣。

新,就是观点新。这是模拟幽默法的灵魂。也就是说,旧瓶装新酒还不够,还必须装上新的气息,以造成幽默的醉人气氛。

"模拟幽默"的技巧有顺拟法、反拟法、别拟法、拟人法等。模拟的要诀在于出人意料地把毫不相关的事扯在一起,内容越是

下篇　幽默口才带来人生乐趣

风马牛不相及越好，距离越大越能引起惊讶；在形式上则是越接近，越有幽默的效应。

顺拟法是顺着旧格式拟出新的内容。由于这种手法多用于触景生情而即兴创作，所以，常能迸发出新的寓意和偶发词。

反拟法就是把我们日常生活中的习惯用语，偶尔反用其意，造成新奇的幽默感。比较而言，反拟比顺拟更能给人留下深刻的印象，这是反差造成的效果。

有一位领导，在大会上做报告。为了同腐败现象斗争到底，他坚决地说：

"谁说我们总是杀鸡给猴看？我们还要杀猴给鸡看！"

反腐关系到我们党和国家的生死存亡，"杀猴给鸡看"这个反拟的幽默在这场斗争中，不就是扮演了一个恰如其分的角色吗？

反拟法看起来简单，只要将现成话反过来说，但是必须说到点子上，才有幽默感。只要你懂得点到为止的道理，强扭的瓜也甜。

别拟法就是要拟出幽默的别拟来，这也是我们经常有意无意地运用的。比如，我们把那些为儿子安排锦绣前程的父亲叫作"孝子"，这已不是封建礼教所指的"孝子贤孙"了，而是孝顺自己儿子的"孝子"了。

别拟法要拟得自然贴切，切忌生搬硬套，应当追求一种天然的妙趣，人为的痕迹越少越好。

我们为什么要通过模拟的方法，使幽默感在模拟中创新呢？一方面是顺应人们喜新厌旧的心理，另一方面也不忽视人们喜新恋旧的心理，将这两种心理移植在一起，便产生了模拟幽默法。

我们说好作品百读不厌，这是夸张。不管什么人，只要口头禅一多,就会缺少幽默感。这时,一个最经济的办法,就是运用"模拟幽默"法来推陈出新。

含而不露尽显幽默

说话含蓄,是一种艺术,也是幽默的一大技巧。常言说:"言已尽而意无穷,含义尽在不言中。""含蓄表达",是把重要的、该说的部分故意隐藏起来,却又能让人家明白自己的意思,而且把幽默寓于其中。

"含蓄表达"这种幽默技巧,有一定的难度。它要求人们拥有讲究说话的艺术,并具有高雅的幽默感。它体现了说话者驾驭语言的能力和含蓄表达幽默的技巧,同时表现了对听众想象力和理解力的信任。

如果说话者不相信听众具有丰富的想象力,把所有的意思和盘托出,这样不但起不到幽默的作用,而且平淡无味,言语逊色,使人厌倦。因此,有的话不必直说,甚至把本来可以直说的话,故意用"含蓄表达"法表达,从而产生一种耐人寻味的幽默效果。

有这样一个例子能体现"含蓄表达"的幽默艺术:

有一个酒店老板,脾气非常暴躁。一天,有位客人来喝酒。客人刚喝了一口,嘴里便叫:"好酸,好酸!"

酒店老板大怒,不由分说,把客人绑起来,吊在屋顶上。这时来了另一位顾客,问老板为什么吊人。老板回答:"我店里的酒明明香醇甜美,这家伙硬说是酸的,你说该不该吊?"

来客说:"可不可以让我尝尝?"老板殷勤地给他端来一杯

下篇　幽默口才带来人生乐趣

酒。客人呷了一口，酸得皱眉眯眼，对老板说："你放下这个人，把我吊起来吧！"

后一个顾客显然机智地用含蓄表达法，幽默地表达了酒酸的事实，使老板明白了酒的确是酸的。

下面看看"含蓄表达"和"锋芒毕露"相对比的例子。

有一家理发店，门前贴着一副对联："磨刀以待，问天下头颅几许；及锋而试，看老夫手段如何！"这副直来直去的对联，磨刀霍霍锋芒毕露，令人胆寒，吓跑了不少顾客，自然门可罗雀。

而另一家理发店的对联则含蓄幽默："相逢尽是弹冠客，此去应无搔首人。"上联取"弹冠相庆"的典故，含有准备做官之意，又正合理发人进门脱帽弹冠之情形。下联意即人人中意，心情舒畅。两家理发店相比，效果自然不言而喻。

"含蓄表达"的幽默技巧，有时是人们用故意游移其辞的手法，既不违背语言规范，又给人以风趣幽默之感。如有的演员自嘲长相差，便说自己"长得困难"、"对不住观众"。营业员遇到顾客买了商品未付款而准备离开的情形时，问一句："我给您找钱了吗？"大多数顾客会马上回答："哦，我还没付款呢！"而说一个人"贪睡"为"对床铺利用率高"等，都是对这种技巧的运用。

☺ 婉言曲说真幽默

"曲说隐衷"的幽默技巧，就是拐弯抹角、曲折暗示地陈述，从而达到表述隐衷的目的。通常情况下，幽默与直截了当地表述隐衷无缘，直抒胸臆是抒情的效果，而不是幽默的效果。

幽默都以间接暗示，诱使对方顿悟为上，如有隐衷，拐弯倒比一吐无余聪明。

社交场中有许多冲突产生，由于某些利害关系，对朋友所作的当场的批评，也自然以暗示为主，最好是以荒诞不经的方式启示他。

当你对什么不可改变的事情觉得不满意而感到困窘时，如果你直接把它表达出来，并不能显示你有什么过人之处。如果你能用曲折暗示的方法，说明你对困窘似乎采取无所谓的态度，那你就是一个有幽默感的人。

有一个爱占小便宜的人，常在别人家白吃白喝，吃了上顿等下顿，住了两天又两天。一次，他在一个朋友家吃了三天后，问主人："今天弄什么好吃的呀？"

主人想了想，说："今天弄麻雀肉吃吧！"

"哪来的那么多麻雀肉呢？"

主人说："先撒些稻谷在晒场上，趁麻雀来吃时，就用牛拉上石磙一碾，不就得了吗？"

这个爱占便宜的人连连摇手说："这个办法不行，还不等石磙碾过去，麻雀早就飞跑了。"

主人一语双关地说："麻雀是占便宜占惯了的，只要有了好吃的，怎么碾（撵）也碾（撵）不走。"

主人的曲折暗示，不知这位爱占便宜的人领会了没有。

有时要表达一种愿望，也许这种愿望并无难言之处，但仍然以曲折暗示为趣。

下篇　幽默口才带来人生乐趣

有个酒徒,贪恋杯中之物,酒醉之后常常误了大事。妻子多次劝他,他怎么也听不进去。一天,他的儿子对他说了几句话,却使他心灵受到极大的震动,以后就再也不喝酒了。

原来,他的儿子说:"爸爸,我送给你一个指南针。"

"孩子,你留着玩吧,我用不着它。"

"你从酒馆出来时,不是常常迷路吗?"

在这个故事中,儿子用的就是"曲说隐衷"。儿子对父亲老是喝醉酒深为不满,但作为小辈,又不便直接对父亲的行为提出批评,于是便以这种委婉的方式向父亲提出劝诫。这种劝诫幽默诙谐,效果也是显而易见的。

☺ 推理变幻莫测的幽默

"推理幽默"是借助片面的、偶然的因素,构成歪曲的推理。它主要是利用对方不稳定的前提或自己假定的前提,来推理引申出某种似是而非的结论和判断。它不是常理逻辑上的必然结果,而是走入歧途的带有偶然性和意外性的结果。

人们的言论或行为,一般情况下,不可能像科学推理那样严密、周全,都有其变幻性和动摇性。有幽默感的人,比较善于抓住这一点,推理出变化莫测的花样,去调侃对方或调侃自己。

因此,"推理幽默"是很容易找到其幽默前提的,一个人只要思维自由,构思敏捷,就有应用自如的可能。

"推理幽默"在你的社交生活中极具实用价值,它总能让你在情况不断变幻的条件下找到有利于自己的理由,哪怕互相矛盾的理由,也都能为己所用。

有人请阿凡提去讲道。阿凡提走上讲台,对大家说:"我要跟你们讲什么,你们知道吗?"

"不,阿凡提,我们不知道。"大伙说。

"跟不知道的人我要说什么呢,还说什么呢?"

阿凡提说完,便走下讲台离开了。

后来,阿凡提又被请了过去。他站到讲台上问:"喂,乡亲们!我要跟你们说什么,你们知道么?"学乖了的人们马上齐声回答:"知道!"

"你们知道了,我还说什么呢?"阿凡提又走了。

当阿凡提第三次登上讲台,又把上两次的问题重复一遍后,那些自作聪明的人一半高喊:"不知道!"另一半则喊:"知道!"

他们满以为这下可难住了阿凡提。哪儿知道,阿凡提笑了笑说:"那么,让知道的那一半人讲给不知道的另一半人听好了!"说完扬长而去。

阿凡提的过人之处就在于他利用"知道"与"不知道"这两个不具体而虚幻的原因,从而推理出与大家希望完全相反的结果,以不变应万变,不管对方怎么变幻情况,理由也跟着变幻,而行为却一点不变。这就是"推理幽默"法能让你在社交中超凡脱俗、潇洒自如的妙处。

下篇　幽默口才带来人生乐趣

☺ 反语幽默耐人寻味

"反语幽默"就是用相反的词语表达本意，使反语和本意之间形成交叉。

"反语幽默"的技巧在于以反语语意的相互对立为前提，依靠具体语言环境的正反两种语意的联系，把相对立的双重意义辅以其他手段，如语言符号和语调等衬出，使对方由字面的含义悟及其反面的本意，从而发出会心的微笑。

"反语幽默"是造成含蓄和耐人寻味的幽默意境的重要语言手段之一。简言之，就是故意说反语，或正语反说，或反语正说。

实际上人们常爱说反语，比如，到朋友家参加聚会，你发现朋友的夫人越来越胖了。有幽默感的你就可以说："啊，你怎么越来越苗条了。"对方会嗔怪地笑起来。

"反语幽默"一般有一定的攻击性。如果有针对性，要注意分寸，主要看对方与你的关系是否经得住刺激。此外还得考虑场合和其他条件。有时同样一句话在一种场合下可以讲，在另一种场合下就不能讲；对同样一个人，在他心平气和时能讲，在他心境很差时就不能讲。

准确地把握对方的心境和周围的环境，同时把握自己说话的分寸，是有幽默感的人的重要修养。如果在这一点上粗心大意，那就不但幽默不起来，而且可能伤害了对方的自尊心，弄僵关系。

可见，"反语幽默"在幽默对象面前，一定要考虑其复杂性。

《镀金时代》是美国幽默大师马克·吐温的杰作。它彻底揭露了美国政府的腐败和政客、资本家的卑鄙无耻。小说发表之后，记者采访了马克·吐温。他答记者问说："美国国会中，有些议员是狗养的。"此话一经发表，各地的报纸杂志争相转发，美国国会议员因此暴怒，说他是人身攻击。正因不知哪些议员是狗养的，便人人自危。于是群起鼓噪，坚决要马克·吐温澄清事实并公开道歉，否则将以中伤罪起诉，求得法律手段保护。

几天后，在《纽约时报》上，马克·吐温刊登了一则致美国国会议员的"道歉启示"："日前鄙人在酒会上答记者问时的发言，说'美国国会中有些议员是狗养的。'事后有人向我兴师问罪。我考虑再三，觉得此话不恰当，而且不符合事实。故特此登报声明，我的话修改如下：'美国国会中有些议员不是狗养的。'"

这段"道歉启示"，只在原话上加上一个"不"字，前边说"有些是"，唯其未指出是谁，因此人人自危；后改成"有些不是"，议员们都认为自己不是狗……于是，那些吵吵闹闹的议员们不再过问此事。

马克·吐温以他自己超人的智慧平息了这场风波。他以反语的手法，使本来对他怀有敌意的人们谅解了他。

这就是反语幽默法的魅力所在。

☺ 暗示幽默要会说也会悟

何谓"暗示幽默"即对事物表达自己的看法，不是通过直说，而是通过种种可能进行曲说，并达到幽默效果的幽默技巧。

"暗示幽默"广为人们喜欢，其原因在于它在多方面对人们

下篇　幽默口才带来人生乐趣

的面子进行了照顾。比如面子后面躲着自尊，如果有人在某些方面伤害了你，你用露骨的方法去刺他，不论他面子后的自尊有没有教养，它都不允许自己被刺，那么仇恨、报复就由此产生了。

如果运用"暗示幽默"来解决，首先照顾了他的面子，而婉转曲折的话语却能达到尖锐的实质。一方面，他会知难而退，另一方面，他会因照顾了他的面子反而对你有钦佩和感激之情了。

有一对夫妇，丈夫做错了一件事，妻子不但不理解，反而更加唠叨得令人生厌。于是，丈夫火气十足地说："请别这样唠唠叨叨了好不好，不然，我要在桌上痛打十巴掌了。"

"关我屁事，打呀，打。"想到肉痛的不是她自己，妻子反而火上浇油。

"但是，"丈夫道，"经过这十巴掌的锻炼，第十一巴掌打在肉上可就有功夫了。"

妻子戛然而止。大概她领会了丈夫内心的火气，不想让脸作为丈夫练功夫的沙袋吧。

在这个幽默里，丈夫打了十巴掌，第十一个巴掌打在什么地方，就是一种暗示。这个暗示包含了如下意思：我心里很火、很烦，需要理解和清静。现在我得不到这些，反而遭受另一种折磨，我有点忍无可忍了。因此，你最好住口，否则就别怪我不客气了。"功夫"一词，则承担了幽默的任务，这就是"暗示幽默"。

有一对情人正在热恋中。一天晚饭后，他们一起出去散步，来到了青青的河滩上，看见一头牛在默默地吃草，缓缓地移动。小伙子指着牛说："看那头牛多好呀，悠然自得，乐不思返。"

姑娘微微一笑说："那头牛好是好，但也有不尽如人意的地方。"

小伙子说："怎样才能尽如人意？"

姑娘道："要是这头牛吃了晚饭，把碗筷统统端进厨房洗了，就尽如人意了。"

小伙子不好意思地笑了，显然是接受了姑娘这幽默的暗示，想起了自己在未来的岳母家吃了饭便一丢碗筷的毛病，这可能会使岳母嘟起嘴巴。

让动物说人话

作家们创作童话、动画和寓言时，常用拟人化手法。读者也能从童话王国、动画世界和寓言故事里寻找出幽默的感觉。

为了表现和平这个永恒的主题，有人画了一头斗牛，却将两只犀利的牛角打成了一个蝴蝶结，而且让牛悠闲地闻着一朵鲜花。

牛角是不可能打成蝴蝶结的，就像大灰狼不可能戴上一顶鸭舌帽一样，但是幽默感就是从这种种的不可能中产生的。

"拟人幽默"，是人与世间万物的交流和对话，使人与大自然更加亲密和谐，这也是幽默所要追求的一种效果。

一天，一位法国人去拜访他的英国朋友。当他走近朋友的住宅时，一条大狗蹿出来对他汪汪吠叫。法国人吓得止住了脚步。正在这时，他的英国朋友出来看见了他，忙说："不要怕，有条谚语说：'汪汪叫的狗不咬人'，你不知道吗？"

那位法国人马上答道："我知道这条谚语，你也知道这条谚语，

下篇　幽默口才带来人生乐趣

可这狗……它知道这条谚语吗？"

这则幽默的绝妙之处就在于最后一句话，法国人故意将人和狗相提并论，将狗人格化，把它当成一种会思考的动物，从而既发泄了心中的不悦，又不失礼貌。他所采用的幽默技巧，就是"拟人幽默"。

从某种角度来看，我们不能说动物没有情感，但是动物毕竟缺乏动机。而拟人则赋予动物强烈的感情色彩和某种动机，把某些无意识的结果变成有意识的自觉行为，幽默往往由此而生。

请看下面一段对话：

——昨天你的马骑得怎么样？
——不太坏。问题是我那匹马太客气了。
——太客气了？
——是呀！当骑到一道篱笆时，它让我先过去了！

大家一听便知发生了什么事情，马把这位先生摔下来，并非有意之，只是由于跨栏技术尚不达标。而主人把自己被摔的遭遇反解为马的"客气"。主人正是用拟人幽默法来追求一种自我解嘲的喜剧效果。

"拟人幽默"不仅能够产生自我解嘲的效果，而且巧妙地运用它可以达到嘲讽他人的强烈的幽默讽刺效果。

请看一则阿凡提的故事《驴的朋友》。

有一个新上任的县官，听说阿凡提机智，很不服气，扬言要戏弄他一番。

阿凡提知道了这件事，就自动骑着毛驴来到衙门，对县官说："我来啦！"

县官看见他和毛驴一同进来，故意大声招呼说："欢迎你们两位一同光临！"

阿凡提拍了拍驴背，毛驴昂头叫起来，又是甩蹶子，又是摇尾巴。阿凡提说："我的这头蠢驴在家说，它的朋友当了县官，非叫我带它来见见不可！"

县官涨红着脸说："那是你的驴，同我有什么相关？"

阿凡提对毛驴说："我叫你不要来吧，你的朋友一当了县官，就不认你啦！"

乡亲们一起大笑起来。

在这则笑话里，县官和阿凡提同时使用了拟人法，把毛驴人格化，然而阿凡提技高一筹，活灵活现地把他的毛驴说成是县官的朋友，达到了嘲讽县官的幽默效果。

语言是人创造的，是人类的专利产品，因而人轻易不愿与动物享受同等语言待遇。但在某些时候、某些场合，不妨让动物说说人话，会别有一番情趣。不信，你试一试。

下篇　幽默口才带来人生乐趣

第 14 章
幽默方法

幽默是一种特性，一种引发喜悦，以愉快的方式娱人的特性；幽默是一项指标，一项衡量人智力水平的指标。与人交往，技巧中藏些锋芒的核，或者说锋芒外包点技巧的衣，能造成幽默轻松而又不失自尊的效果。幽默方法，是建构幽默资本大厦必不可少的砖瓦。

☺ 荒谬话语：使人产生一种错觉

这种幽默的生命，不但在于人物在一点上着迷，而且在于不管怎样走向极端，着迷点不但不会消失，而且会增强。并不是一切真痴真呆都能构成幽默，也不是一切真痴真呆的幽默都有同样的水平。要使真痴真呆显出奇趣，起码得设法使其傻言蠢行导致显而易见的荒谬。荒谬有结果自然重要，但更重要的是导致荒谬的过程，要让读者看到荒谬的前因和后果之间的逻辑关系是如何被一步又一步、一个环节又一个环节歪曲的。

要找到一个荒谬的前提就很难，难就难在它虽然是荒谬的，但是在故事中人物却是很真诚的。如果他不真诚地信守虚假的前提，就不是真痴真呆了。

清朝程世爵编的《笑林广记》中有一个《瞎子吃鱼》的故事。说是一群瞎子搭伙吃鱼，鱼少人多，只好用大锅熬汤。鱼都蹦到锅外面去了，瞎子也不知道。他们都没吃过鱼，不知鱼的滋味。大家围在锅前，喝着清水汤，齐声称赞：

"好鲜汤！好鲜汤！"

鱼在地下蹦到一个瞎子的脚上，这个瞎子才大叫起来："鱼不在锅里！"众瞎子感叹起来："阿弥陀佛，亏得鱼在锅外，若是真在锅里，我们都要鲜死了。"

明明是清水汤，没有鱼，瞎子却在称赞"好鲜汤"，这是这个故事荒谬的前提。这自然是一种夸张的幻觉，但也不能完全胡吹，也得有点根据，于是把吃鱼的人设计成瞎子，让他看不见，又特别说明他们从未吃过鱼。如果没有这两点，这个前提就不能成立了。前提不能成立，以上故事的逻辑基础就垮了。

这个基础的真正荒谬之处是一种错觉，一种主观的着迷，而不是自我欺骗，因为这是真诚的。正因为这样，它着迷得很有趣。但是光有这么一点着迷，效果还很有限，还不够劲儿，还得让效果放大一下，让瞎子的逻辑荒谬更强烈一些才成，于是便有下面的高潮：原来不知无鱼，觉得鲜，还情有可原，现在明明知道没有鱼，鲜的错觉不但没有消失，反而引出了没有被鲜死的庆幸。

古代好几本笑话书中都有刘伶嗜酒的故事：其友（或妻）答应让他醉个够，乃以缸蒸酒，酒成，推其于缸中，盖之。

过了三天，听不见缸中动静，以为刘伶这下满足了。打开缸

第14章 幽默方法

下篇　幽默口才带来人生乐趣

一看，刘伶醉醺醺地坐在酒糟上，半天才把头抬起来说：

"你说要让我醉个够，却让我坐在这里闲着干什么？"

嗜酒是一种着迷，这并不幽默，幽默产生于迷至极端乃生幻觉。明明浸入酒缸三天把酒喝完了，还觉得没有喝。在通常情况下人皆可能着迷，但条件稍有变化人们就自己明白了，也就是悟了，但于幽默之道则不然。

一点着迷属于真痴真呆之法，其中效果最强烈者，原因是迷而不悟，即使迷到极点仍然不改其迷。

偷梁换柱：把原来的意思偷偷换掉

偷梁换柱就是把概念的内涵作大幅度的转移、转换，使预期失落，产生意外。偷换得越是隐蔽，概念的内涵差距越大，幽默的效果越是强烈。幽默是一种情感思维方法，它与人们通常的理性思维方法有相同之处，也有不同之处。对相同之处，人们不用细心钻研，就可以自发地掌握；而对于不同之处，许多幽默感很强的人虽然已经掌握，但不知其所以然，而幽默感不强的人则往往以通常的思维方法去代替幽默的思维方法，其结果自然是幽默感的消失。幽默的思维和通常的理性思维至少在两个方面是不同的：第一，在概念的使用和构成上；第二，在推理的方法上。这里主要讲概念在幽默中的特殊表现。

通常，人们进行理性思维的时候有一个基本的要求，那就是概念的含义要稳定，双方讨论的必须是一回事，或者自己讲的、写的同一个概念前提要一致。如果不一致，就成了聋子的对话——

各人说各人的。如果在自己的演说或文章中,同一概念的含义变过来变过去,那就是语无伦次。

看起来,这很不可思议,但是这恰恰是很容易发生的。因为同一个概念常常并不是只有一种含义,尤其是那些基本的常用的概念往往有许多种含义。如果说话、写文章的人不讲究,常常会导致概念的转移,虽然在字面上这个概念并没有发生变化。在科学研究、政治生活或商业活动中,概念的含义在上下文中发生这样的变化是非常可怕的。因而古希腊的亚里士多德在他的逻辑学中就规定了一条,思考问题时概念要统一,他把它叫作"同一律"。违反了这条规律,就叫作"偷换概念",也就是说,字面上你没有变,可是你把它所包含的意思偷偷地换掉了,这是绝对不允许的。

可是幽默的思维并不属于这种类型,它并不完全是实用型、理智型的,它主要是情感型的。而情感与理性是天生的一对矛盾,对于普通思维是破坏性的东西,对于幽默感则可能是建设性的成分。

有这样一段对话:

老师:"今天我们教减法。比如说,如果你哥哥有5个苹果,你从他那儿拿走3个,结果怎样?"孩子:"结果嘛,结果他肯定会揍我一顿。"

对于数学来说,这完全是愚蠢的,因为偷换了概念。老师讲的"结果怎样"的含义很明显是指还剩下多少的意思,属于数量关系的范畴,可是孩子却把它转移到未经哥哥允许拿走他的苹果的人事关系上。

第 14 章 幽默方法

下篇　幽默口才带来人生乐趣

然而对于幽默感的形成来说，好就好在对这样的概念默默地转移或偷换。仔细分析一下就可发现这段对话设计者的匠心。他本可以让教师问还剩余多少，然而"剩余"的概念在这样的上下文中很难转移，于是他改用了含义弹性比较大的"结果"。这就便于孩子把减去的结果偷偷转化为拿苹果的结果。可以说，这一类幽默感的构成，其功力就在于偷偷地无声无息地把概念的内涵作大幅度的转移。

机械模仿：不管变化生搬硬套

机械模仿法就是在瞬息万变的生活中，不管情境如何变化，把运用于某一事物的东西生搬硬套在另一事物上，只是机械地模仿，使其笨拙可笑。

柏格森在他的《论笑》一书中指出，滑稽是"镶嵌在活东西上的机械的东西"。在瞬息万变的生活中，突然插进一个机械死板的表现当然好笑。在卓别林表演的喜剧中，利用人物的机械僵化表现出的笑话，俯拾即是。有一个电影片断即为：在高度机械化、自动化的流水线上，一个工人的全部动作都被扳螺丝钉的动作同化了，以至于他看到女人衣服上的纽扣也要当螺丝钉去扳一下，结果笑话百出。

有一个学生，这天先生教给他三个字"你、我、他"，并用它们造句。"你，你是我的学生；我，我是你的先生；他，他是你的同学。"

学生回家后高兴地把这些告诉了父亲，指着父亲说："你，你是我的学生;我,我是你的先生。"他又指了指他的母亲说,"她,她是你的同学。"

父亲听了很气愤:"我怎么是你的学生呢?我,我是你的父亲;你,你是我的儿子;她,她是你的妈。"受了委屈的学生,来到学校,责怪先生:"先生,您教错了,应该是这样的:你,你是我的儿子;我,我是你的父亲;她,她是你的妈。"

这位学生真是傻到家了,不懂得情境的变化应导致语言表达的变化,机械刻板,乖傻可笑。

这种因乖傻而产生的幽默故事,在我国民间笑话中也有许多实例。

有一个小伙子不善言谈。一天,邻居家生了个儿子,大家都去祝贺,他也去了。父亲特地叮嘱他,千万不要在席间说不吉利的话,他高兴地答应了。

席间,他一言不发,只管喝酒吃肉。直到吃完了,有人问他为何不说话,他说:"你们见了吧,我今天可什么也没说,这个孩子要是死了,那可不关我什么事!"

小伙子虽然席上什么也没说,可结尾处的假设还是没有顾及"此时不该说的话",叫人哭笑不得。

汤姆:"我看这位新来的数学教师不怎么样。"
比尔:"为什么?"
汤姆:"昨天他对我们说 $5+1=6$。"
比尔:"错在哪儿呀?"

下篇　幽默口才带来人生乐趣

汤姆："可他今天又说 4+2=6。"

不懂得变通，只知一味机械记忆，也产生了一种愚蠢可笑的幽默效果。

威利的儿子到姑姑房间里玩，回到爸爸身边时拿着一小袋糖，说是姑姑给的。

爸爸问："你说了'谢谢'没有？"

"啊，忘了。"儿子马上又跑到姑姑房里去道谢，回来以后对爸爸说："其实我不用去谢姑姑。"

"为什么呢？"爸爸问。

"姑姑说，'好孩子，不用谢'。"

孩子们的思维一般是简单的直线型的，表现出一贯性，也常常因此而闹出笑话。

歪曲经典：对经典做荒谬的解释

歪解经典就是利用众所周知的古代或现代经典文章、词句作背景，然后作出歪曲的、荒谬的解释，新旧词义、语义之间距离越大，越滑稽诙谐。

在导致荒谬的办法中，喜剧性效果比较强的要算歪解经典，因为经典最具庄严意味，语言又多为人所共知，一旦小有歪曲，与原意的反差就分外强烈。

在我国，古典书籍多为文言，与日常口语相去甚远，通常情况下，不要说加以歪曲，就是把它译成现代汉语的口语或方言，也可能造成极大的语义反差，产生不和谐之感而显得滑稽。例如，一首唐诗中写到一个男子为一个姑娘所动而尾随之，写得很有诗意。可是，如果把它翻成现代汉语的"盯梢"，不但一点没有诗意，反而显得很不正经了。又如，一个语文工作者把唐朝这种轻薄青年翻译为现代汉语的"阿飞"，就变得极其滑稽了，这是由于古典诗歌的庄重或浪漫的词义在国人潜在的、共同的意识中是相当稳定的，在千百年中已经沉积在人们的无意识中，只要在语义上、风格上稍有误差，人们都十分敏感，以致在还没有来得及意识到为什么时，就可能忍俊不禁了。

写于唐代的《唐颜录》中载有北齐高祖手下有一个幽默大师叫石动筒，他就很善于用歪曲经典的办法在斗智性的幽默中取胜。

有一次石动筒去参观国子监，一些经学博士正在论辩，正说到孔子门徒中有七十二人在仕途上能够伸展自己的抱负。石动筒插进来问："七十二人中，有几个是戴帽子的，有几个是不戴帽子的？"博士说："经书上没有记载。"

石动筒说："先生读书，怎么没有注意孔子的门徒：其中戴帽子的是三十个，不戴帽子的是四十二个。"博士问他："根据什么文章？"

石动筒说："《论语》上说'冠者五六人'，五六三十也；'童子六七人'，六七四十二也，一共岂不是七十二人吗？"

本来孔夫子在《论语》中是和曾子等得意门生谈论自己志向和理想的，说的是能够带着五六个青年（年纪长大到可以戴帽子的）和少年六七人，自由地在河边田野的风中漫游，就很如愿了。

第 14 章　幽默方法

下篇 幽默口才带来人生乐趣

这是《论语》中很有名的一篇,可是石动筒在这里把约数"五到六人"和"六到七人",曲解成五六和六七相乘以后,又和孔子门徒贤者七十二人附会起来,这显得很不和谐,因而就充满了诙谐的意趣。

这石动筒的故事在唐朝的《唐颜录》中很多,下面是歪曲另一经典著作《孝经》的:

北齐高祖有一次会集儒生开讨论会,会上辩论很是热烈。石动筒问博士道:"先生,天姓什么?"博士想北齐天子姓高,因而回答:"姓高。"石动筒说:"这是老一套,没有什么新鲜。经书上,天有自己的姓,你不要拾人牙慧。"博士道:"什么经书上有天的姓?"

石动筒说:"先生,你根本不读书,先生不见《孝经》上说过:'父子之道,天性也',这不是说得明明白白:天姓'也'吗?"

石动筒在这里歪曲经典的窍门是用了"性"与"姓"的音。特别是"也"在原文中是语气虚词,没有任何实义,石动筒违反规律地把虚词实词化了,显得特别牵强附会,因而就特别滑稽。

司马迁的《史记》中有一句名言,叫作"一诺千金",说是秦汉之际,和刘邦一起打天下的武将季布,只要他一答应,多少金钱也无法改变。有个笑话歪曲地解释了这个典故:

有一位女士问先生:"'一诺千金'怎么解释?"

先生说:"'千金'者,小姐也;'一诺'者,答应也。意思是:小姐啊,你答应一次吧。"

把历史英雄的典故,通过词义的曲解变成眼前求爱的语言媒介,两者之间距离有多遥远,则滑稽的程度就有多大。对于立志谈吐诙谐者,对这一规律应当深深领悟。一般人即使要作暗示性的表达,也都易倾向于近取譬。然而近取譬容易抒情,却不容易产生不和谐、不恰当的滑稽感和诙谐感。要使自己的讲话有谐趣,则应从不甚切合的远处着眼,以远取譬为上。古代典籍之于凡人,一般距离都十分遥远。既遥远而又歪曲,自然容易生谐趣。古与不古不是问题的最关键之处,最关键的仍然是曲解。

强词夺理:把无理的说成有理的

"强词夺理"是指在各种交往中,因为种种原因而明显不合理的一方,总要想方设法找出理由,证明自己是合理的,因为这理由本身的不合理性,幽默就在这中间产生。

一般来说,陷入困境的人们都急于想挣脱出来,这当然需要技巧。你完全可以从你授人以柄的话语出发,机智巧辩,强词夺理,硬要把无理说成有理,把错说成对,以此来自我保护。而在不利的环境中,越是带着自我保护色彩,越能轻易地从中脱身,幽默的成分自然也就越多。这种情形在日常交往中更容易表现出来,因为日常交往一般是轻松、和谐的,如果你偶有失策,陷于被动,完全可以强词夺理,以充分的幽默感来加以掩饰。

一名电脑推销商正在费尽口舌企图说服一个男人购买他的电脑:"我卖的这款电脑是目前最先进的,能回答你提出的任何问题。"

下篇　幽默口才带来人生乐趣

"那好。"那个男人不耐烦地说，"问它知不知道我的父亲在哪儿？"推销商将问题输入电脑，数秒钟后电脑显示如下信息："他目前正在苏格兰钓鱼。"

"搞错了吧，"那个男人说，"我父亲早在三年前就去世了！"

推销商耸耸肩："没错，你母亲的丈夫是在三年前去世的，但是你的亲生父亲此刻确实正在苏格兰钓鱼。"

推销商为售出电脑，难免夸大其辞，对电脑的性能吹嘘一通。面对顾客的责难，推销商想随意敷衍了事，不料却落入顾客的质问，显得十分狼狈。他没有惊慌失措，而是巧妙地利用"母亲的丈夫"和"亲生父亲"两者间的不完全同一性，强词夺理，为顾客生造出一个"父亲"，产生意想不到的幽默效果。当然，这种强词夺理未免有些过火，他自己虽能巧妙脱困，却可能得罪顾客，不免要功亏一篑。

推销商的强词夺理虽然运用稍显失当，可他的确给我们提供了一个摆脱困境、制造幽默的思路：运用一些不成理由的理由，在适当的环境中就可以脱困、幽默两者兼得。

当你一不小心掉入语言的陷阱而十分狼狈时，你可能无计可施，弄得脸红脖子粗；可能愤怒或沮丧；可能手足无措。但是这一切都于事无补，你还得另想办法。这时，客观情境的严酷十分需要你调动思维的潜力，作出超常的发挥。因为你的精神处于一种十分亢奋、活跃的状态，说出的话往往机智而又幽默，让人在笑声中忘记你曾有过的狼狈。

强词夺理通常是你在精神亢奋时极易闪现的念头。俗话说："从哪儿跌倒，就从哪儿爬起来。"你在"理"上陷于被动，最好的办法当然是把"理"夺回来，不管是"强词"也好，还是"巧词"也好，只要能通过调侃自己或调侃他人而摆脱困境就行了。

强词夺理其实就是"无理而妙"。明明是无理的东西，你偏偏把它说成有理，这自然有悖于生活的常规，也不符合逻辑的推理。但是，有时候离生活的真实越远，反而越具有幽默性。越和现实相协调，幽默越不可能存在。幽默就是这么回事儿！

张冠李戴：转移对方的原意

对方明明说的是甲事物，我偏偏当他是说乙事物；对方明明是这种意思，我却故意误认为是另一种意思，这就是张冠李戴。

生活中，我们常常免不了与别人发生一些小冲突。这些冲突，有时是对方故意挑衅，找岔子；有时是双方无意间撞到一起，产生了小摩擦；有时是自己不小心触犯了别人，人家不肯罢休……总之，不是什么大是大非的矛盾，基本上都是鸡毛蒜皮的小疙瘩。如果大动干戈，如临大敌似地去对付，未免太小题大做，徒然浪费自己的时间、精力。但是，如果置之不理，却也痛痒相关，坐卧不宁。这时候，张冠李戴幽默术就可以大显身手。它故意将对方的意思转移到别的事物或人身上，使其产生明显的不和谐，让笑声将冲突消解于无形中。

张冠李戴幽默术的运用大致有以下两种情况：

第一种情况，对方有意挑衅，试图让你感到难堪。这种情况下，最有效的办法是把"冠"直接给他"戴"回去，让他"自吞苦果"。由于预期与现实的差异性和戏剧性，幽默也随之而生。

第二种情况，双方无意间发生冲突，或自己不小心触犯别人而遭到责怪。这时候进行的回击不能像第一种情况下那样锋芒毕

下篇　幽默口才带来人生乐趣

露、咄咄逼人，而要尽量地缩小影响，转移矛盾。使用张冠李戴时也要尽量避免直接"戴"回给对方，而是"戴"到一个与双方都没有关系的第三者身上。因为"戴"得巧妙，幽默的意味就自然流露出来。

公共汽车突然刹了一下车，车上的乘客全都猛地一晃。一个青年脚下不稳，直接撞在一个姑娘身上。姑娘横眉竖目："德性？"
青年忙道："不，是惯性。"

姑娘说"德性"，是责怪青年行为不妥，有缺德之嫌。青年却巧妙地借一个"性"，故意理解为物理上物质的某种属性，再加以否定，代以"惯性"这一物理专业名词，既避免了与姑娘的争执，又委婉地解释了这一意外的原因，说明责任并不在自己身上，从而平息了姑娘的怒气，消弭了一场可能发生的冲突，并且让笑声在车厢内荡漾。

总而言之，张冠李戴幽默术在引人发笑的同时，既可以有效地驳回恶意的攻击，也可以缓和因误解而产生的嫌隙。至于怎样恰当地利用它这种双刃的作用，使用者要视具体情况而定。

颠倒错位：违反常理，顺手移位

"逻辑"有悖于常规，于是产生歪理，幽默的素材便在"歪理"中滋长出来。有一个相声讲了这样一个故事：

甲、乙两人相逢，一见如故，握手言欢，问寒问暖。待两人很是亲热了一番之后，突然发现对方竟是陌生人，于是两人异口同声地问道："请问尊姓大名？"

作为相声里的材料，这个故事是富有幽默感的。那么它的幽默感是怎样产生的呢？它显然是将事物正常的握手顺序易了位，违反了常理。在日常生活中，人们总是先互相认识再彼此亲热的，而故事中的甲和乙还没弄清对方的尊姓大名就忙于问安言欢，这就是颠倒了人们相识的一般规律，与人们的正常逻辑不协调，于是幽默感应运而生。

梦是不能续做的，但在幽默中却可以：

有个人做了个梦，梦见朋友请他去喝酒看戏。大家刚入席，酒也斟满了，菜也端上来了，戏也开场了，可是他被老婆惊醒了。于是，他把老婆好生一顿臭骂。

老婆说："别骂了，你还是赶早快睡吧！可能现在戏才演到一半哩！"

这个人可能是个馋鬼，舍不得梦中的一桌酒席。可是好梦未圆，就被老婆打破了，他怎能不恼？这人也够痴的，梦境岂能当真？即使梦接着做下去，他欣赏的也不过是水中月、镜中花，品尝的也不过是不能充饥的画饼。但故事发展到此还没有多少幽默味，只是一般的讥讽痴人。他老婆的答话，为这则故事起到了画龙点睛的作用。她以梦为真，让丈夫接着做梦，到梦中去找回刚才失去的快乐，显得十分荒诞，幽默感便由此而来了。

下篇 幽默口才带来人生乐趣

☺ 位移真义：把重点转到另一主题

人们总希望自己能言善辩，能够妙语连珠、幽默诙谐地和周围的同事、朋友们交谈。或许，位移真义法这种幽默技巧能为你的交谈增色。

位移真义法就是思想倾向的偏离，把心理重点移到另一主题上，而不是原来的主题上。人们常用这样的词询问，如怎么、怎么样、什么样等，对于这类问题的回答，位移真义法往往会带来意料不到的幽默和机智效果。

人们说的话，往往字面意义与说话人想表达的意义并不完全一致，我们暂且称它们为表义和真义。将说话人的真义弃之不顾，而取其表义，是位移真义法的根本技巧。

有个姑娘到杂志社编辑部对总编说："我有个笑话要投稿，请你们在杂志上发表。"

总编看过稿子后，说："小姐，可这笑话有些冷。""没关系的，你们就在夏天发表吧。"

在这里，总编辑说的表义是笑话有点冷，而真义是这笑话不适于发表。尽管姑娘对真义很清楚，但她故意置之不顾，拾起话的表意，很机智地幽默了一番。这也是采用了位移真义法的幽默技巧。

每个人说话，都有一定的前提，并且这些前提往往是大家都承认的，被心照不宣地省略掉了。位移这些前提，需要敏锐的头脑和很强的逻辑推理能力。以位移真义法位移为前提而成的幽默往往会引得人赞不绝口。

　　房客对房东说:"我没法再忍受下去了,这屋顶一刻不停地往我房间里漏水。"
　　房东反驳说:"您还想怎么样?就您那一点点房钱,难道还想漏香槟不成。"

　　这的确是个很精湛的幽默,房客的真义是"不论漏什么都有碍于他"。但是老练的房东故作懵懂不知,将它位移为"漏香槟比漏水要好,漏水次之"。
　　如果能辨明真义与表义,平时说的话,就可以应用这种位移真义法制造出很多幽默来。如果有人用很具体的事实抱怨你,比如你请客,朋友戏谑说你的酒掺了水,你不妨试着用此法幽默一番。
　　笑声会使人心情开朗,容光焕发,而幽默则会给你带来笑声、欢颜。生活中处处都有幽默,只要拥有幽默的心,你就能抓住它。

☺ 类比幽默:把毫不相干的事物放在一起

　　类比幽默法是指把两种或两种以上互不相干甚至是完全相反的、彼此之间没有历史的或约定俗成的联系的事物放在一起对照比较,显得不伦不类,以揭示其差异之处,即不协调因素。
　　在类比幽默中,对比双方的差异越明显,对比的时机和

下篇　幽默口才带来人生乐趣

媒介选择越恰当，所造成的不协调程度就越强烈，对方对类比双方差异性的领会就越深刻，所造成的幽默意境也就越耐人寻味。

人们的日常生活和科学研究一样，分类都是约定俗成、得用同一标准的，否则，必然造成概念的混乱，导致思维无法深入进行。人们从小就被训练掌握这种最起码的思维技巧，如猪、牛、羊、桃就不能并列在一起，人们会把桃删去，这是科学道理，但并不幽默。

在类比分类时要产生幽默的趣味，恰恰要破坏这种科学的逻辑规律，对事物加以不伦不类的并列。

类比幽默法自古就是我国人们常用的基本幽默手法，它能使人在会心的微笑或难堪的情况中开启心智，受到教育。

请看古人的类比幽默。

甘罗的爷爷是秦朝的宰相。有一天，甘罗看见爷爷在后花园走来走去，不停地唉声叹气。

"爷爷，您碰到什么难事了？"甘罗问。

"唉，孩子呀，大王不知听了谁的挑唆，硬要找个母鸡打鸣，命令满朝文武想法去找，要是三天内找不到，大家都得受罚。"

"秦王太不讲理了。"甘罗气呼呼地说。他眼睛一眨，想了个主意，说："不过，爷爷您别急，我有办法，明天我替您上朝好了。"

第二天早上，甘罗真的替爷爷上朝了。他不慌不忙地走进宫殿，向秦王施礼。

秦王很不高兴，说："小娃娃到这里捣什么乱！你爷爷呢？"

甘罗说："大王，我爷爷今天来不了啦。他正在家生孩子呢，托我替他上朝来了。"

秦王听了哈哈大笑:"你这孩子,怎么胡言乱语!男人家哪儿能生孩子?"

甘罗说:"既然大王知道男人不能生孩子,那母鸡怎么能打鸣呢?"

本来秦王的母鸡打鸣已够荒谬,就当时来讲,从理性上说服秦王是很难的,因此甘罗就以谬对谬,将两个同样荒谬的事物并列在一起,就揭示了秦王要求的不可行性,显出极不协调感,这样幽默之趣油然而生。

这是古人类比幽默中的精品。

由于类比幽默的方法简便,在现代人们的社交活动中,可以广泛地用作自我调侃和朋友之间的戏谑。

类比幽默虽说简单,但也需要智慧和超脱精神,否则是很难发挥出来的。

一个吝啬的老板叫仆人去买酒,却没有给他钱,仆人问:"先生,没有钱怎么买酒?"

老板说:"用钱去买酒,这是谁都能办到的,如果不花钱买酒,那才是有能耐的人。"

一会儿,仆人提空瓶回来了。老板十分恼火,责骂道:"你让我喝什么?"

仆人不慌不忙地回答:"从有酒的瓶里喝到酒,这是谁都能办到的,如果能从空瓶里喝到酒,那才是真正有能耐的人。"

花钱买酒与空瓶里喝酒一类比,其内在就出现了针锋相对的矛盾,谐趣顿生。老板搬起石头砸自己的脚,同时也表现出了仆

第14章 幽默方法

下篇　幽默口才带来人生乐趣

人的智慧。

这里不但表现出类比幽默的手法，同时有返还幽默的形式在内，即以其人之道还治其人之身。可见，幽默的表现形式往往不会单一使用，而是几种幽默形式的交叉使用。

类比幽默的方法很简便，在社交活动中，经常会被广泛运用。例如：

星期六，一个小伙子进城卖鸡蛋，他问城里常打交道的蛋贩子："今天的鸡蛋，你们给多少钱一个？"

蛋贩子回答："两毛。"

"一个才两毛！这价真是太低了！"

"是啊！我们蛋贩子昨天开了个会，决定一个鸡蛋的价格不能高于两毛。"

小伙子很难过地摇摇头，但只好卖掉，走了。

过几天，小伙子又进城来了，还是上周这个蛋贩子，他看看鸡蛋，说："这鸡蛋太小了。"

"是啊。"小伙子说，"我们的母鸡昨天开了个会，它们作出决定，因为两毛钱实在太少，所以不能使劲下蛋了！"

一个是"人会"，一个是"鸡会"，并列一比，绝妙横生。

类比幽默的幽默感是"比"出来的，其情趣也是"比"出来的。这样就有利于对方的心理接受。我们看下面一例：

有一位中学生，成绩很好，几乎每次考试都是全班前两名。有次考到第五，她妈生气地说："去年我为你感到骄傲，这次你怎么了，你曾经是班上考得最好的呀！"

女儿微笑着说："每个同学的妈妈都想为自己的孩子考第一而骄傲。如果我老是第一,他们的妈妈可怎么办呀?"

得第一的学生妈妈的心情和成绩差的学生妈妈的心情并列相比,两种心情完全相反,其趣就生于此。

一语双关:表面上说此,实际上说彼

运用语言文字上的同音或同义关系,使字词或句式同时涉及两件事,表面上说此实际上说彼,这是使用频率很高的双关法。双关能使表达生动活泼,委婉含蓄,耐人咀嚼,余味无穷。

古代有这样一则故事,说的是一位县官,带着随员骑马到王庄处理公务,走到岔路口,不知该选哪条路,于是,大声地问一个过路的老人:"喂,老头,到王庄怎么走?"那农夫不睬不理,只是赶路。县官大声要他停下。农夫说:"我没时间,我要去刘庄看一件古怪的事。"县官问:"什么古怪的事?"农夫一板一眼地说:"刘庄有匹马下了一头牛。""真的?马怎么会下牛呢?应该下马才对啊!"县官感到莫名其妙,农夫煞有介事地回答:"世上的怪事多着哩,我怎么能知道那畜生不下马呢?"

面对无礼的县官,农夫机智地运用语义双关指着"畜生"去斥责县官,其骂法实在高明。

双关是一种绝妙的幽默武器,运用时要坚持文明表达、以理服人的原则,格调高尚文雅,内容纯净正派,要以德胜人、以理

下篇　幽默口才带来人生乐趣

服人，切忌粗俗低级，更不能像泼妇骂街。

☺ 正反对比：在心理上形成落差

俗话说：不比不知道。对比能使我们在平凡中发现特异，在正常中发现荒诞。对比还能形成差异，造就矛盾。如果把人生比作舞台，对比使我们看到了不同人对自己角色的演绎，看到了同一个人在不同场景中的表演，我们在观看演出时，常会发出会心的微笑。

英国前首相丘吉尔一次应邀到广播电台发表重要演讲。途中车出了故障，他从路边招来一部计程车，对司机说：

"载我去 BBC 广播电台。"

"抱歉，我不能去，我正要赶回家听收音机，听丘吉尔的演讲呢！"司机说。

丘吉尔非常高兴，马上掏出英镑给司机。

司机一见有那么多的钱，也很高兴，他叫道：

"上车吧！该死的丘吉尔。"

这两幕场景的对比或许会使丘吉尔尴尬，但我们却觉得非常幽默。

爱因斯坦在未成名时衣着寒碜。一次，有一个熟人在纽约街头见到他，便问：

"你怎么穿得这样破旧？"

爱因斯坦回答说:"这里反正没有人认识我。"

过了几年,爱因斯坦一举成名以后,那个熟人在纽约街上碰到他,惊异地问:

"你怎么还穿得这样破旧?"

爱因斯坦笑着回答:"反正这里的人都认识我。"

在这里,对同一个问题,两个相反的回答构成了对比。在对比中,我们充分感受到了爱因斯坦的潇洒风度与幽默感。

有一天,八仙之一铁拐李从一座小桥上走过,这座桥是用两根木头拼成的,一根高一根低。铁拐李走过,正好凑合他那一长一短的瘸腿,比走在平地上更平稳。于是,他满口称赞:"天下的桥,就算这座桥修得最好了!"

几天以后,铁拐李往回走。这一次走的方向恰好和上一次调转过来,所以桥上那一高一低的木头就不凑合他的腿了。长腿走在高木头上,短腿走到低木头上,比平常瘸得更加厉害了。他发火了,连声骂道:"天下的桥,就数这座修得最坏了!"

对比总是在人们的心里造成一种落差,而我们往往会在这种落差中感受到幽默。

设置悬念:设包袱,预作暗示

设置悬念法是幽默的一个重要技巧,相声演员管它叫"设包袱"。即以热切的语调、真实的细节和充满戏剧性的情节引出你

下篇　幽默口才带来人生乐趣

的幽默力量，在关键的那句话说出之前，埋下伏笔，预作暗示，让听众"着了你的道"。然后，用关键的话一语点破，或叫解开"扣子"、抖开"包袱"，让听者有出乎意料的感觉，于是，幽默的效果就发挥出来了。

公园的椅子上坐着一位老妇人，一个小孩走过来。
"婆婆，您的牙还行吗？"
"已经不行了，都掉了。"
于是孩子拿出一包胡桃，说："请您替我拿一拿，我去打球。"

这则幽默中的悬念被顽皮的孩子设置得甚是巧妙，令人捧腹。

运用设置悬念法时，有两个问题需要注意。不要故弄玄虚，让人不着边际。设置悬念要巧妙，顺理成章，从而达到幽默的效果。否则，"斧凿"的痕迹太重了，给人以故弄玄虚之感，不仅不显得幽默，反而使人反感。设置的悬念要紧扣主题，精心设计，恰到好处。

不要急于求成。如果你迫不及待地把妙语趣事说出来，太急于引起听众发笑，太早地让人知道有趣的"谜底"，就会显得操之过急，太早泄露"天机"，泄露了惊奇，由于铺垫不够，火候不成熟，结果也就失去了幽默感。

所以，设置悬念应娓娓而谈，不疾不徐，使听众对结果有错误的预期，有一个缓冲思考的时间，然后再一语道破。但是也不能太慢，慢到使听众忘了他所期待和预期的是什么了。再看以下一则幽默，就是以不同方式埋下伏笔、设置悬念的。

邮递员送来一份电报，小芬芬用筷子夹着，小心地走进屋里，说:"爸爸,你的电报。"爸爸见了,奇怪地问:"你为什么用筷子夹着?"

小芬芬说:"我怕触电啊!"

在这则幽默里,小芬芬用筷子夹电报就是埋下伏笔,设置悬念,最后小芬芬说:"我怕触电。"就是一语解开了"扣子"。

含沙射影:更高于讽刺意味

罗西尼是19世纪著名的意大利作曲家。有一次,一个作曲家带了份七拼八凑的乐曲手稿去向他请教。演奏过程中,罗西尼不住地脱帽。作曲家问:"是不是屋里太热了?"罗西尼回答说:"不,我有见到熟人脱帽的习惯,在阁下的曲子里,我碰到那么多熟人,不得不连连脱帽。"

对于这位求教的作曲家带来的七拼八凑的乐曲手稿,罗西尼显然非常不满,但他没有点破对方"抄袭"、"拼凑",而是用富于幽默的"不住脱帽"的动作和"碰到那么多熟人"的解释,委婉含蓄地暗示了自己尖锐的批评意见,这种批评虽不如直说那般鲜明尖锐,但它不仅生动形象,而且幽默、含蓄,更富于讽刺意味而耐人寻味。

有一位青年爱抄袭别人的作品,一天他来到某杂志社问自己所投的一首诗能否发表,编辑问他:"年轻人,这首诗是你自己写的吗?"

下篇 幽默口才带来人生乐趣

青年答道:"是的,当然是我自己写的。"

编辑很有礼貌地站起来,向他伸出手来:

"那么,莎士比亚先生,见到您我很高兴,我以为您早已不在人世了呢!"

在这里,编辑含蓄地暗示了对对方抄袭莎士比亚诗句的严厉批评,但他大智若愚,表现得那么礼貌、热情,让人信以为真,这就产生了幽默效果。

☻ 反戈一击:以眼还眼,以牙还牙

接过对方的话头,好像要向对方屈服,但突然一个逆顺势而攻,把对方本不想接受的结论用演绎的逻辑硬塞给他。

幽默贵在收敛攻击的锋芒,这是指一般的情况而言,在特殊情况下,就不然了。尤其是在极其卑劣的事和人面前,或者对外来的攻击忍无可忍之时,过分轻松的调笑,不但显得软弱无能,缺乏正义感,而且会引来对方更嚣张的进攻。

在这种情况下,再不以眼还眼、以牙还牙,就会丧失人格。这时的攻击锋芒,不但不可钝化,而且应该锐化。越是锐化,越是淋漓尽致,越有现场效果。而现场效果最强的方法则是反戈一击法。

苏格兰诗人彭斯,见到一个富翁被人从河里救起来,而那个冒着生命危险救了富翁的穷人,得到的只是一个铜元的报酬。围观者群情激愤,都想把这个富翁重新丢到河里去。这时彭斯对众人说：

"放了他吧，他了解自己生命的价值！"

彭斯的幽默是很有戏剧性的，表面上他扭转了众人的激愤，实质上他比众人更加蔑视这个为富不仁的家伙。彭斯幽默的妙处在于对于富人的吝啬作出了特殊的解释，把给别人报酬之低转化为对自己生命价值的低估。

幽默的攻击性在这里恰如其分，幽默感并未因攻击性之强烈而逊色，这得力于彭斯的不动声色，而且貌似温和，实质上则是绵里藏针。

在这种情况下，针对这样的不义之人，如果仅用调笑性幽默就嫌分量不够了。

弱者对付强者之时，凶猛的反击比温良的微笑更能引起人们的同情。

孔融10岁时随父亲到洛阳一个名人家去，他应对自如，主人及来宾均甚惊奇。有一位姓陈的官员却说：

"小时候挺不错的，长大了不见得有多好。"孔融说："看来你小时候大概是挺不错的。"

孔融的反应这么快，而且又这样顺理成章，实在是不可多得的。人们在欣赏他以弱胜强之时，对他的锋芒毕露就略而不计了。

在反戈一击时，要善于抓住对方的一句话、一个比喻、一个结论，然后把它倒过来去针对对方，把他本不想说的荒谬的话、不愿接受的结论用演绎的逻辑硬塞给他，叫他推辞不得，叫苦不迭，无可奈何。

下篇　幽默口才带来人生乐趣

德国19世纪诗人海涅是个犹太人，常常遭到无礼的攻击。在一次晚会上，一个旅行家对他说："我发现了一个岛，这个岛上居然没有犹太人和驴子！"海涅白了他一眼，不动声色地说："看来，只有你我一起去那个岛上，才会弥补这个缺陷。"

用幽默的语言、幽默的推理方式反驳，比直接反驳要含蓄得多。正因为含蓄，才可以把一些不便出口、有伤大雅的字眼包含在其中。而这些字眼又是从对方口中接过来并以逻辑的方法回敬过去，对方要反击，除了取消自己刚才所说的话以外，别无他法。可是君子一言，驷马难追，谁有这等本领呢？

☺ 反向求因：往反面去钻空子

反向求因幽默法就是要求在推理过程中善于钻空子，特别是往反面去钻空子，把极其微小的巧合的可能性当作立论的出发点。

在生活中有某种常态，在思维中有某种常理，人们的联想都为这种习惯了的常态和常理反复训练达到自动化的程度，以致一个结果出来，便会自动地联想到通常的原因。

反向求因法的特点，就是把一个极其微小的可能性当成现实，虽并不能最后取消对方提出的另一种更大的可能性。比起这种类型的方法更具有喜剧性的是另一种完全否定了原来因果关系的幽默方法。

一位叫约翰的病人问医生："我能活到90岁吗？"

医生检查了一下约翰的身体后,问道:"你今年多大啦?"

病人说:"40岁。"

"你有什么嗜好吗?比如说,喜欢饮酒、吸烟、赌钱、女人,或者其他的嗜好?"

"我最恨吸烟、喝酒,更讨厌女人。"

"天哪,那你还要活到90岁干什么?"

本来读者的期待是:戒绝烟酒、女人得到肯定的评价,其结果不但相反,而且把这一切当成了生命的意义。否定了这一切,就否定了活到90岁的价值,那就是这一切的价值高出于长命的价值之上。

这种幽默方法的可贵之处,不仅在于结论,而且在于推演的过程,要环环紧扣,层层深入。

指鹿为马:把白的说成黑的

指鹿为马幽默法就是用双方心照不宣的名实不符,把白的说成黑的,从而产生反差,传达另外一层真正要表达的意思,达到幽默交流的目的。

人们之所以能心照不宣,原因是语言表层含义的不同。从字面上看,你是指鹿为马,指白说黑,从深层意思是说你传达了另外一层意思。这层意思虽不明白,但已了然于心,而其了然的程度比明白讲出来更深,更能表现出幽默感。

幽默的效果常常在名实不符的判断中产生。

指鹿为马是不科学的,但是如果不是有意欺骗,双方心照不

下篇　幽默口才带来人生乐趣

宣地名实不符，则能产生幽默感。

英军总司令威灵顿公爵在滑铁卢大败拿破仑后，凯旋伦敦，当时举办了一个相当隆重而盛大的庆祝晚宴，参加这次宴会的有各界社会名流、贵族绅士，还有许多参战的军官和士兵。

晚宴的菜肴十分丰盛，末了，在每一个人面前摆了一碗清水。其中一名士兵竟大大方方地将这碗水端起来喝了一口，见此情形，在场的贵族都窃笑不已。

原来，这碗水是在吃点心之前用来洗手的，而这个农家出身的士兵哪里会懂得这种宫廷里的规矩，因而出了笑话，那位士兵羞得满脸通红。

就在这个时候，威灵顿端起这碗洗手水站了起来。

"各位女士们、先生们，让我们共同举杯为这位英勇的战士干一杯吧！"一阵热烈的掌声后，大家举杯同饮。

那位士兵和在场的每一个人都为威灵顿公爵的人品和作风大为感动。

威灵顿公爵的指鹿为马，不仅为那位士兵解脱了困境，也表现了他崇高的人品和幽默感。

☺ 故弄玄虚：巧设悬念，出奇制胜

故弄玄虚幽默法就是利用对方预期转化的心理，巧设悬念，解释悬念，出奇制胜，但其解释在真理与歪理之间。

由于幽默通常有这样一个规律，它总有个对转，总是让你领悟到你原来期待不到的东西，笑是在期待失落以后产生的。久而久之，一旦进入幽默的情境，人们总是期待十分出乎意外的谜底，这就形成了一种心理习惯，用心理学的术语来说，叫"心理定势"。

这是幽默的正格，但是幽默不拘一格，像任何其他事物，有正格意味着必有破格，有预期的失落，必有预期失落的失落，故弄玄虚法就属于这种破格。

法国寓言家拉封丹习惯于每天早上吃一个土豆。有一天，他把土豆放在餐厅的壁炉上晾一晾，可转眼之间却不翼而飞了。他不知道是谁拿走的。

于是，他大声叫喊起来："啊，我的上帝，请告诉我，是谁吃了我放在壁炉上的那个土豆？"

他的佣人匆匆赶来说："不是我。"

"那就太好了！"

"先生为什么这样说？"他的佣人问。

"因为我在土豆上放了砒霜，想用它毒老鼠。"

"啊，上帝！我中毒了！"那个佣人焦急地喊道。

拉封丹笑了："放心，我不过是想让你说真话罢了。"

这里，拉封丹用的正是故弄玄虚法，从心理预期来说是双重的失落。第一次是仆人说自己没有吃，而拉封丹说太好了，仆人有轻松的预期，结果却转化为非常严重的后果。接着又来了一个对转，预期的危险完全消失：这是双料的故弄玄虚幽默。

故弄玄虚法的全部奥秘就是利用对方预期转化的心理。这种方法变化万千，有时不是给人一种双重转化，而是相反，故

下篇 幽默口才带来人生乐趣

意给他一个没有转化的谜底,让他期待对转化的心理落空,恢复到常态。

值得注意的是幽默的功力不仅在于构成悬念,而且在于解释悬念。解释悬念,要有一定的逻辑性,才能服人。

所以,在解释悬念时,往往要讲一点歪道理。歪道理从逻辑上来说,本来就是没道理,明明没道理,却要讲出道理来,就靠歪得巧妙,不给人武断之感。这时的关键就在于抓住任何一点在概念上沾边的枝节来作为推理的支点,大加发挥。

因此可以说,幽默之妙就妙在"真理"与"歪理"之间。

顺水推舟:借人之口,为己所用

所谓顺水推舟是指按照对方的思维模式因势顺推,或者以对方的核心论点为前提进行演绎推论,得出一个明显错误或荒谬的结论,然后集中火力,发起猛攻,制服论敌。其中"顺"是承接,是"推"的前提;"推"是逆转,是结果。顺水推舟的方法有很多,如因果顺推、选择顺推、归谬顺推。

某人牙痛,前去医院拔牙。医生技术娴熟,很快就把牙拔掉了。病人虽然觉得医生技术不错,但又觉得这一会儿工夫,就被他赚了30元,有点心不甘。于是,他一边付钱,一边揶揄地对医生说:"你们牙医真会赚钱,只用10秒钟就赚了30元。"

医生没有直接反驳对方的意见,只是说:"你要是愿意的话,另一颗牙,我可以慢慢地给你拔。"病人一听,连连叫道:"不,还是请快些给我拔吧!"

面对病人的挖苦，医生回答得十分巧妙，不正面讲理，顺着对方10秒钟的话茬儿说下去，答应慢慢地拔另一颗牙。无疑，这好好地将了对方一军，使自己处于主动地位。

这位医生运用的就是顺水推舟法。

又如，一位作家在讲述其写作经验时，有人故意与之为难，在下面学鸡叫。他停下来，说："我如果没弄错的话，现在不是午夜吧！可是，动物的本能又应该是对的。"

顺水推舟，是借人之口，为己所用，不作正面抗衡，而是在认同、甚至在赞美的言语中出其不意、巧妙制敌。

有一次，毛拉和几个人在野外行走，突然传来"哞——哞——"的牛叫声。这几个人不怀好意地对毛拉说："牛在叫你呢，快去听听看它要对你说点什么？"

毛拉去了一会儿，回来告诉他们：

"牛问我：为什么要和几头野驴出来散步？"

对那些人的攻击，毛拉不是直接与之对抗，而是顺水推舟，借牛之口将对方说成是野驴。

一位记者问扎伊尔总统蒙博托："你很富有。据说你的财产达到30亿美元！"蒙博托听后发出一阵长时间的哈哈大笑，反问道："你是否还听说过，一位比利时的议员说我有60亿美元！"

下篇　幽默口才带来人生乐趣

记者的提问是荒谬的，面对荒谬，总统先生不是怒上心头，而是"哈哈大笑"，表示了自己的大度情怀，然后巧妙过渡到"你是否还听说过"，给对方来一个更为夸张的反问，荒诞不经的结果当然让记者自觉失言。

☺ 暗度陈仓：制造明与暗的反差

"明修栈道，暗度陈仓"讲的是这样一个历史故事：刘邦灭秦后，被项羽封为汉王。在从关中往汉中去时，他听从张良的计策，沿途烧毁栈道，以表示无意东归，麻痹项羽。后来，刘邦又表面上以修栈道，暗地里却绕道陈仓打回关中，取得了楚汉战争的初步胜利。

"明修栈道，暗度陈仓"幽默术就是指表面一套做法以掩人耳目，暗地里却另有打算，明与暗之间的反差给人以不和谐的感觉，往往能产生强烈的幽默效果。因为这表面的一套往往吸引了人的注意力，所以暗地里的意图经常能实现。既然古人能运用它取得战争的胜利，那么我们在生活中运用它以达到自己的目的或摆脱某种困境也未尝不可。并且，如果使用得当，还能产生幽默的效果。

局长："我要直言不讳地批评你，你不会介意吧？"
秘书："能得到领导的指正，对我来说是种荣幸，是更大的鞭策。"
局长："我到任以后，有很多的人向我反映，你过去在领导面前，专门讲好听的话，那可不好。老实说，我最讨厌这种作风。"

秘书:"您的意见很中肯!那些领导喜欢恭维,喜欢听好话,我不得已才投其所好。哪儿有像您这样不爱吹、不爱拍的好领导。"

局长:"是吗?"

秘书:"当然。我参加工作二十多年了,当秘书也不是一两年,像您这样作风正派、工作能力强、领导艺术高明的领导,还从来没有遇到过。"

局长:"照你看来,我在各方面都要比其他领导强?"

秘书:"那还用说。"

局长:"好!好!好!今天就谈这些。"

面对局长的批评,秘书不慌不忙,谦虚地表示接受。表面上他承认自己是因为别的领导喜欢恭维才专拣好话说,即为"明修栈道";暗地里转移到该局长,指出局长不爱吹、不爱拍,即为"暗度陈仓",对局长使劲地拍了一通,拍得局长心花怒放。该秘书对"明修栈道,暗度陈仓"运用得炉火纯青,不仅躲过了局长的批评,而且讨得了局长的欢心。这些在我们看来,其中也不乏幽默的意味,真是一举三得。

"明修栈道,暗度陈仓"幽默术在生活中随时都可以运用,如果你要称赞别人歌唱得好,并标榜一下自己时,就可以说:"你唱歌真棒!差一点可以赶上我了。"别人当然会捧腹大笑,并佩服你说话的本领。你呢?借"你唱歌真棒""明修栈道",用"差一点可以赶上我""暗度陈仓",既称赞了别人,又标榜了自己,还令人大笑,一举三得,这样的事何乐而不为呢?

"明修栈道,暗度陈仓"的关键在于"修栈道",让对方不能明白你的真实意图,这样你才能顺利地"暗度陈仓",实现自己的目的。"修栈道"的目的就是迷惑对方,做得越像,对方越

第14章 幽默方法

下篇　幽默口才带来人生乐趣

容易上当，你就越能轻易地"暗度陈仓"。并且，因为这"修栈道"与"度陈仓"之间有一种明与暗的反差，反差之间的不和谐往往就迸射出幽默的火花，让你开怀一笑，在笑声中让矛盾涣然冰释，让心情豁然开朗。既然如此，我们何不在适当的时候，用"明修栈道，暗度陈仓"来幽他一默呢？

☺ 故卖关子：不露声色，出人意料

　　故卖关子幽默术是幽默的一个重要技巧，也是一个比较容易掌握的幽默方法。它是指用夸张性的语言和戏剧性的情节，伴以煽动性的动作，让听众自觉不自觉地随着你的思路走，然后在结尾处一语点睛，抖出出人意料的结局，从而产生强烈的幽默效果。它要求说话者在最后的关键话语说出来之前，一定要不露声色，巧卖"关子"，让听众"着道"，然后再打开"关子"，抖出真相，幽默效果就产生了。也就是说，你的"关子"卖得越巧，埋伏打得越好，听众入"道"越深，最后的幽默效果就越强。请看下面一则幽默是怎样运用故卖关子幽默术的。

　　一位有名的男高音歌唱家对朋友们说："我的歌声曾经救过我一命。"

　　"快把这件事讲给我们听听。"

　　"我每天早晨在城里练嗓子。有一天，我的邻居对我说：'如果你再唱下去，我就割断你的喉咙！'"

　　"后来呢？"朋友问道。

　　"后来吗？我就不唱了。"

这则例子后来曾被一些聪明人反向利用过，虽然大意一样，但语言不同，幽默效果也不相上下。那位歌唱家对朋友们吹嘘他的歌声曾救过别人一条命，朋友便让他讲讲，他就讲他有一天在练嗓子时，邻居对他说："你要是再唱下去，我就自杀！"后来那歌唱家便不唱了。两者异曲同工，相比之下，前一个故事的"关子"设置得更巧妙一些。刚开始，歌唱家一句话"我的歌声曾经救过我一命"便把听众吸引住了。接着讲到"如果你再唱下去，我就割断你的喉咙！"时，听众已经完全入了道，都是心提到嗓子眼上了，不禁为歌唱家的命运担忧，这时整个故事达到了一个小高潮，悬念却达到了顶高潮，确实悬起来了，也就是说埋伏已经打好，下面就准备"露底"了。按照听众的常规思路，歌唱家一定会和他的邻居发生激烈冲突，甚至想到歌唱家会报警之类的事。但歌唱家紧接着一句"后来吗？我就不唱了。"确实让听众意料不到，同时马上想到前边歌唱家说他的歌声曾救他一命的真实含义，不由捧腹大笑。好像一个气球，前面歌唱家一直吹一直吹，直到把它吹得大大的，忽然，最后一句话却像一枚钢针猛然向气球上扎了一个洞一样，顿时气瘪，幽默效果也随之而起。不论怎样，两者都运用了故卖关子幽默术，并且非常成功，幽默味道焕然而出。

　　运用这种幽默技巧时要注意两点：一是不要故弄玄虚让人不着边际，否则"斧凿"的痕迹太重了，不仅不幽默，反而会使人反感；二是不要急于求成。如果你太早泄露"谜底"，也就泄露了惊奇，就会由于铺垫不够、火候不成熟而失去幽默感。

　　所以，运用此法时，千万要不急不躁，娓娓而谈，让听众有思考时间，从而产生错误的预期，然后再一语道破，就大功告成了。

下篇　幽默口才带来人生乐趣

☻ 旁敲侧击：谜底深藏于谜面

旁敲侧击法就是利用风趣的语言来回击或反驳一些错误的观点，是一种更加含蓄迂回的方法。

旁敲侧击法要取得幽默的效果，在很大程度上取决于听众的静心默想、反复品味，因为它的特点是：谜底被深深地埋藏在谜面的下面。所以，听众在听完话之后，必须有个回味的时间，才能体会到谜面和谜底之间微妙的联系。因此，一个真正有幽默感的人，不但要自己善于说，而且要善于领悟别人的幽默。

请看这样两个例子：

"哪种笨蛋可以被认为是不可救药的？"有人问一位哲学家。
"在同一地方被绊倒两次的人。"哲学家回答。

哲学家似乎答非所问，他没有具体回答不可救药的人是哪种，却指同一地方绊倒两次的人，提示这些人不会吸取教训，便无可救药。用这种旁敲侧击法，含义则丰富得多。

1937年的时候，维也纳的人们谈论的中心是合并的危险性。
地理教师断言："希特勒永远也不会进攻奥地利，否则就要打大仗了。请你们注意看这个地球仪，德国在这里，那么一点点大，而在它的周围，有英国、法国还有俄国，都比德国大。美国就更不用讲了……"

历史教师摇着头说："这个我也知道，可是老弟，希特勒也知道这点吗?"

历史教师这句话的言下之意,即为希特勒这个法西斯的头子是战争狂,他绝不会量力而行的。

在现代交际中,当需要批评或提醒他人又不便直接向他人提出时,便可考虑使用这种幽默风趣的旁敲侧击法。从侧面提出一些看似与主题无关的话题,以此来达到启示、提醒、劝阻、教育他人的目的。

运用旁敲侧击法时,要注意在话说出口之前,不妨先开动脑筋,从正面、反面、侧面多角度地想一想,寻找出可以使人得到启示的多种不同的表达方式,选择其中一种最好的,从而达到预定的交际目的。

以谬就谬:以子之矛攻子之盾

以谬就谬幽默法是不要立刻纠正对方的荒谬,而是模仿他的推理方法,使戏谑意味升级的一种幽默技巧。

人际交往中,互相幽默地攻击有两种表达方式。一种是纯粹戏谑,主要为了显示亲切的情感,引起对方的共鸣,或者为了展示智慧,引导对方欣赏。一种是互相斗智性的,好像进行幽默外的比赛,互相争上风,这时的调笑性攻击性更重要。当然,有时攻击性是很凶猛的,但表现形式是很轻松的。不管有无攻击性,都以戏谑意味升级为主,以谬就谬乃是使戏谑意味升级的常用办法。即明明知道对方错了,不但不予以否定,反而予以肯定。肯定的结果是更彻底地否定。

下篇 幽默口才带来人生乐趣

一位小姐与一位先生在聊天。小姐认为世界上最锋利的是这位先生的胡子。这位先生不解。小姐说:"你脸皮这么厚,但你的胡子居然还能破皮而出。"

这显而易见是戏谑性的,因为其原因和结果之间的关系是荒谬的。与其说是显示先生的脸皮之厚,不如说显示了小姐的口齿之伶俐。在戏谑性的相互攻击中,戏谑性要递增,但方向要恰恰相反。正如中国古书上所说的以子之矛攻子之盾。

然而,这位先生却以谬就谬,将这位小姐的荒谬往更荒谬处推演。

他反问:"小姐,你知道吗?你为什么不生胡子?"小姐自然不知道。

"因为你脸皮更厚的缘故,连尖锐、锋利的胡子也无法破皮。"这位先生反攻小姐的根据并不是另行构思的,而是从小姐攻击他的逻辑引申出来的。即我有胡子是因胡子尖利穿透了皮肤,而你没有胡子则是因为你的脸皮更厚,再尖利的胡子也无用。同样的前提得出相反的结论,指向不同的目标。

这种以谬攻谬的幽默特点是后发制人。关键不在于揭露对方的错误,而是在荒谬升级中共享幽默之趣。而要达到这个目标,得有模仿对手推理错误的能耐。

当你拒绝别人不合理的要求时,直接拒绝会导致不必要的紧张。如果用以谬还谬法,让对方去体会自己要求的不妥之处,比正面顶回去要文雅得多。

故作愚蠢：偶尔故意地装装傻

故作愚蠢幽默法是通过故意装傻的方式，以表面的愚蠢来掩饰自己的难堪或寄寓过人的智慧，让人透过表象，曲折地品尝出潜藏的幽默之趣。

通常，人们都十分注意自己的外在形象，力求给人留下聪明绝伦的印象，稍稍做了一点"傻"事，都要想方设法地掩饰过去，很少有人愿意将自己的"愚蠢"暴露给大家看。这几乎成了一个思维定式，正是这个定式给我们提供了施展幽默才华的空间。偶尔故意地装装傻，煞有介事地暴露一下自己的缺陷，人们初看之下会吃上一惊，不免对你产生疑问，继而加以思考，随即完全领悟，发出会心的微笑，进而佩服你的机智和幽默。

有一个流浪汉闯进一个果园，他见到什么摘什么。苹果、梨什么的，摘了好多。一边摘一边塞进自己的怀里和口袋里。

园主突然走过来，一把抓住他的衣襟，问道："你怎么跑进我的果园里来了？"

流浪汉吃了一惊，只好答道："对不起，老兄！这几天刮大风，是风把我吹到这里来的。"

园主问："那你为什么要摘我的苹果和梨？"

流浪汉："风太大了，把我吹得东倒西歪，所以我碰到什么就抓什么，要不风就把我刮跑啦！"

园主问："那你为什么把果子装到你的口袋里呢？"

流浪汉："真对不起，你来的时候，我也正在想这个问题呢！"

下篇　幽默口才带来人生乐趣

　　流浪汉偷摘园主的苹果和梨被当场拿获，当然十分难堪，却又不得不找些理由为自己辩护。他厚着脸皮，东拉西扯，却不能自圆其说，被园主抓住要害，逼得无路可走。忽然间，急中生智，来一个故意装傻，把过人的机敏隐藏于痴呆木讷的表象之下。园主听了他最后一句话，会不免一怔，随即自然会哈哈大笑，佩服流浪汉的幽默，当然也会宽恕他。

　　故作愚蠢幽默法要求你不动声色地把自己的"愚蠢"惟妙惟肖地展露出来，这样人们才会因为意料不到而惊诧莫名："这个人怎么啦，他真的这么傻吗？"疑窦顿生，随着疑问的涣然冰释，你真实意图的暴露，就会给人们带来一种说不出的快意，幽默的春风就会拂过人们心田。

　　在人际交往中，故作愚蠢有着很强的戏谑性。人们不会为了一个人的聪明而发笑，也不会留意那些刻意耍弄的小聪明。而愚蠢却是人们的聚焦点，不管是真的，还是假的，人们都乐于为之开怀。何况故作愚蠢本是高度机智的产物，对方和自己都明白其中的"呆傻"的成分，双方心照不宣，又抵制不住其俏皮味的诱惑，笑得也就更加的快意和自然。

　　应当注意的是，故作愚蠢背后所隐藏的真实意思，要让对方稍加思考后就能明白。即要让对方很容易明白你的"愚蠢"是假的，是你故意运用它来制造幽默。不然，对方对你的"愚蠢"百思不得其解，不仅领会不到你幽默的本意，反而会真的认为你是一个愚蠢的人，这可就糟了。

返还幽默：软对软，硬对硬

返还幽默法就是按照对方的逻辑去理解或推论，由此及彼，物归原主，使其搬起石头砸自己的脚，自食其果。

返还幽默法，要善于抓住对方的一句话、一个比喻、一个结论，然后把它接过来去针对对方，即把对方给自己的荒谬语言或行为及不愿接受的结论，经逻辑演绎后还给他，以其人之道还治其人之身。

餐馆里有一位顾客叫住老板："老板，这盘牛肉简直没法吃！"
老板："这关我什么事？你应该到公牛那里去抱怨。"
顾客："是呀，所以我才叫住了你。"

顾客按照老板的荒谬逻辑，推论出老板即是"公牛"，让对方哭笑不得，自食其果。

这里顾客所用的幽默方法就是返还幽默法。

返还幽默法一般是对方攻击有多少分量，就以同等的分量还击。软对软，硬对硬，不随意加码，加码过重会影响幽默情趣。

有个年轻人初入社交场合，生性腼腆，不善言辞，心情特别紧张。有一次，一个新上任的领导约见他，他紧张得直冒冷汗。领导见状说："看你热得一身汗，我给你开开风扇吧。"

他忽然灵机一动，顺口接过"出汗"这个话题说："我这个人真没出息，见了生人除了指甲之外，全身都冒汗。"

下篇　幽默口才带来人生乐趣

真怪！说完这句话，他的心情很快就平静下来了，汗也不冒了。以后每逢这种场合，他都要找一两句幽默的话语说一说，现在他可以在大庭广众之下滔滔不绝，高谈阔论，再也脸不改色心不跳了。

寓庄于谐法就是把十分庄重严肃的事情，采用开玩笑的方式把话说出来，以产生幽默效果。

"汉武帝看寿"这则幽默就是这样的例子。

西汉时，东方朔滑稽多智、能言善辩。一天，汉武帝议论寿相时对大臣们说："依我看，《相书》有一句很有道理：人是否长寿，只要看看鼻子和嘴之间的人中长短。人的人中如果有一寸长，就可以活到一百岁。"

众位大臣都应声说："对！陛下高见。"东方朔却仰天大笑。

有个大臣指责他胆大妄为，竟敢取笑皇上。东方朔辩解说："我哪里是笑陛下，我是笑彭祖的面长！"

汉武帝便问："彭祖面长有什么好笑？"

东方朔说："传说彭祖活到八百岁，如果《相书》真的很准，那么按人中长一寸寿百岁推算，彭祖的人中就应有八寸长，而他的脸岂不是要有一丈多长了。"

汉武帝听罢，想了一会儿，也不禁大笑起来。

东方朔的推算，使发怒的汉武帝由怒而笑，的确达到了幽默效果。以轻松愉快的形式，诙谐风趣的语言，表达庄重严肃的道理，使人在喜悦和谐的氛围中，接受道理，服从对方，从而表现出幽默感。

黑色幽默：用喜剧来表现悲剧

所谓黑色幽默，实际上是一种用喜剧形式来表现悲剧内容的幽默。

黑色幽默，兴起于20世纪60年代初。1961年，美国作家约瑟夫·海勒出版了一本惊世骇俗的小说《第二十二条军规》。此书一出，即受到美国读者的关注，至20世纪70年代而轰动文坛。随着这本书的流传，黑色幽默一词也家喻户晓。黑色幽默是作为一种文学流派而存在的。在这里，我们把它当作一种幽默的形式，一种幽默的技巧。

黑色幽默是一种与传统幽默不同的幽默。传统的幽默比较明朗、外向、充满信心、针对别人，而黑色幽默忧郁、内向、心酸绝望、嘲讽自己。黑色幽默中的人物和事件几乎都是荒诞不经、生活中不可能有的。而且，黑色幽默总是面带笑容地讲述在残酷命运捉弄下的烦恼，用自我解嘲来反映百思不解的心理和人生渺小的意识。它是在用貌似轻松达观的口吻来表现最无可奈何的心理和情绪，它虽然在笑，但这是一种"使道德的痛苦发展到滑稽的恐怖，使事情荒谬到令人发笑的程度"。这种笑，是痛苦的笑、恐怖的笑，是对荒谬现实入木三分的笑。换言之，黑色幽默是一种"大难临头时"的幽默，或者，更传神地说是"绞刑架下的幽默"。

且看下例：

在一个对死囚执行公开绞刑的日子里，绞刑架旁聚集了大

下篇 幽默口才带来人生乐趣

批观众,可是却不见死囚犯押来。监刑人、刽子手和周围的人都等得不耐烦了。终于,狱卒押着囚犯来到刑场,囚犯看见人们焦急贪婪的目光不禁笑了,得意地说:"没有我,你们什么也干不成。"

这种幽默就是典型的"黑色幽默"。

海勒在"黑色幽默"代表作《第二十二条军规》中这样描写第二次世界大战中的伤兵:

清澈的流体从一个洁净的瓶里输入他的身体。从腹股沟敷石膏的地方,另外伸出一根固定的锌制的管子,拉上一根细长的橡皮软管,他的肾脏排泄物就是通过这条管子一滴不漏地流入放在地板上的一个洁净的封口的瓶内。等地上的瓶子满了,从胳膊肘儿那儿输入流体的瓶子也空了,这两个瓶子于是很快地互换位置,使瓶里的排泄物又重新注入他的身体。

这里写的不是即将走上绞架的囚犯,而是一个伤兵。对于伤兵的痛苦与不幸,作家用如此残酷的欣赏性的笔调来描写,确是罕见而特殊的。但正是这种特殊的幽默笔调起到了特殊的效果,它在苦笑中揭露了第二次世界大战给人类带来的痛苦和不幸,它在幽默诙谐中表示了作者的愤怒与厌战的情绪。

☺ 自我吹捧:自己夸奖称赞自己

自我嘲讽因为和人们通常极度自尊的心理惯性相背离,所以能产生幽默。自我吹捧因为和人们通常谦虚谨慎的心理惯性相背离，也能产生幽默。

让我们来欣赏某篇小说中的几段内容。

刘美萍挤上前来，手里举着个小本。"冯先生，您给我签个名，要那种狂草。"

冯先生给她一笔一画认真签名时，她又说："冯先生，今天您真是把我感动了，好久没听过这么好的大道理了。您是真有学问，您讲的那些话好些我都没听懂，好些字都不会写——您真是有学问。"

冯先生签完名笑着说："何止你感动了，我都被自个儿感动了。我由衷地佩服我自己，我怎么就能说哭就哭，什么也没想却张嘴就来，听着还挺像那么回事——多读书啊，这是个秘诀。"

照常理猜测，我们听到别人的称赞夸奖，一般会表示谦虚，如"您过奖了""哪里哪里""不敢当不敢当"。哪儿有像冯先生这样顺竿爬的呢？别人夸他一句，自己还觉得不过瘾，又自吹自擂起来。不过，在这种碰撞中，产生了强烈的幽默感。

再看一段：

杜梅躺在床上就着台灯看一本小说，我躺在一边目不转睛地看着她。

她翻过一页，调脸瞪我一眼："看我干什么？"

"羡慕你！"我也瞪眼。

"我有什么可羡慕的，整个一个苦命人儿。"她又看书，端

第14章 幽默方法

下篇　幽默口才带来人生乐趣

起床头柜上的水杯喝了口水。

"能嫁我还不该羡慕？真是傻人有傻福气，居然能找着我这样的还不费吹灰之力。"

"得了吧，你别自我感觉良好了。"她笑。

自我吹捧逗得人乐了，看来确实是制造幽默的一种方法。

还有：

贾玲大声对杜梅抱怨："怎么搞的？我回家休趟假，你就匆匆忙忙把自己嫁出去了，也不等我把关，将来吃亏怨谁？"

"怨我怨我，"我对贾玲说，"本来杜梅是想等你回来再说的，可我的魅力实在无法抵挡。"

一屋子姑娘大笑，贾玲也笑，横我一眼："别臭美了，我要在就没你什么事了。"

"对，那就是咱俩的事。"

"哎，杜梅，看出你丈夫是什么人了吧？"

"早看出来了。"杜梅倚在桌边笑。

自我吹捧时可以用一种调侃的口吻，如果夸夸其谈，那就沦为吹牛皮了。吹捧的内容也要虚虚实实、半真半假。总之，不能让人信以为真，也不能让人以为你说的全是假话、大话、空话。这样，就能取得良好的幽默效果。

自我吹捧，有时用一种严肃的口吻道来，也能让人忍俊不禁。

公园里，一位刚发表了第一首诗的青年诗人忧郁地走着。一位朋友碰见他，问道："你怎么了？"

诗人愁闷地叹口气，回答说："莎士比亚死了,雪莱和拜伦——都死了，我担负的责任太重了。"

诗人一本正经的口吻逗人发笑，也许人们是在笑他太自不量力了吧。

下篇　幽默口才带来人生乐趣

第15章
幽默训练

有人说过，幽默感是判断一个伟大民族智慧和气质的尺度。

幽默是话语，具有愉悦、美感，批评教育和讽刺的作用。列宁曾说："幽默是一种优美的、健康的品质。"口才的培养，不仅仅在于口齿伶俐，以幽默的谈吐来增强交际的生动性和亲切感，已被看成是一个人的优点。国外把是否"有幽默感"作为评价大学老师教学能力的标准之一。可见，语言具有幽默感是何等的重要。

有的人说，幽默的确重要，但我天生嘴笨，不可能有风趣幽默的谈吐。幽默真是天生的吗？事实并非这样。幽默是可以训练的。

☺ 良好的文化素养和表达能力

一个人的幽默谈吐，是同他的聪明才智紧密相连的。因此，这就要求我们有良好的文化素养，丰富的文化知识。如果一个人对古今中外，天南地北的历史典故、风土人情等各种事情都有所了解和掌握，再加上较强的语言驾驭能力，说话就容易生动、活泼和谐趣。古今中外著名的幽默大师往往都是语言大师。幽默并不是矫揉造作，而是自然的流露。有人非常有见地、且深有感触地说："我本无心讲笑话，笑话自然从口出。"其中的道理正说明了这一点。

在古今中外浩瀚如海的书籍中，特别是在讽刺小说、喜剧剧本、笑话集和寓言等作品中，关于幽默语言的记述甚多，多多阅读这些作品，我们可以从中受到启发。此外，还可以多欣赏些滑稽剧、相声等文艺节目，从而开阔眼界，丰富知识。因为，幽默是在广闻博见的基础上产生奇妙联想而涌现出来的语言，有时只需几句话就能说明许多问题。对实际事物，对历史知识所知甚少的人，一个孤陋寡闻、离群索居的人，是很难把话说得幽默的，当然就谈不上有幽默感了。

我国有源远流长的幽默历史传统。如我国四大古典长篇小说《三国演义》《西游记》《水浒传》《红楼梦》，或全篇富于幽默谐趣的基调，或其中不少人物形象生动，情节幽默风趣。多读一些中外名著对提高一个人的文化素质，增强一个人的表达能力大有好处，从而能逐步地培养自己的幽默感。

另外，多读些短小的幽默作品也能让人受益匪浅。三国时魏人邯郸淳所撰《笑林》三卷，为我国最古老笑话专集，读来令人捧腹，如其中一则：

鲁国有个人拿着长竹竿进城门，起初他竖着拿，不能进入；后横着拿，也不能进入，怎么也想不出计谋。过了一会儿，有一位老人走来，说："我不是圣贤，但是见过的事很多了啊。为什么不用锯当中截断，进入城门？"于是那个人就按照老人讲的截断了竹竿。

故事讽刺了那些愚蠢而又自作聪明的人，幽默风趣包含其中，多读类似作品定有好处。

下篇　幽默口才带来人生乐趣

除了要有丰富的知识、良好的文化素养外,还必须有较好的口才,才能使言谈富于幽默感。

著名医生周礼荣在一次讲演中,谈到访问非洲的经历时说:"非洲朋友对我们自力更生制造出的高质量的显微镜感到惊奇。"接着他话锋一转,向大家介绍这种显微镜的性能,这时,他突然风趣地用起了电视广告语言:"上海光学仪器厂出品的显微镜,可以和德国的显微镜相媲美,质量可靠,物美价廉,代办托运,实行三包。"一时间,笑语满堂,气氛活泼轻松。没有知识,没有生活,没有口才,是绝不可能说得如此活灵活现、绘声绘色的。

◪ 敏锐的观察力,丰富的想象力

反应迅速是幽默谈吐的特点之一,这就要求说话者思维敏捷,能言善辩。然而,这些又是对生活的深刻体验和对事物认真观察的结果。敏锐的观察力不仅是科学研究中必备的,也是产生幽默谈吐的重要因素。

以语言犀利、锋芒毕露见长的英国生物学家赫胥黎,在一次讲演中勇敢抨击了当时的社会对科学极不公正的态度,他说:"科学这位'灰姑娘'天天生起火来,打扫房间,准备餐食;而到头来,人们给她的报酬,则是把她叫作贱货,说她只配关心低级的物质的利益。"60岁那年,他怀着既沉重又难舍的心情辞去了英国皇家学会会长的职务。他在一次讲话中说:"我的理智和良心已经向我指出,我已经无法完成这个会长职位的各项重大任务,所以我一分钟也不能干下去了。"这位德高望重的老人痛心地讲完上述话语后,又不无谐趣地对朋友们说:"我刚刚宣读完了我去世的官方讣告。"

赫胥黎以拟人化的比喻,将教会和习惯势力摧残扼杀科学的狰狞面目揭示得淋漓尽致,因而具有震撼人心的力量。他又风趣幽默地将辞职演说喻作"官方讣告",这正是他自己复杂、痛苦的内心的写照。科学家如果没有对事物入木三分的观察力,无论如何也说不出如此传神的话语。

要把话说得幽默,要做到"意料之外,情理之中",没有丰富的想象力是难以奏效的。必须能够把一件平凡的事物由里往外、由外往里看个透,一两句话就能把那讳莫如深的东西端出来,凭借丰富的想象力来创造幽默,从人们熟视无睹的现象中创造出别人不曾问津的东西。每个人都具有想象力和创造力,切莫自己束缚自己。

具有想象力的幽默例子是很多的,现举一例:

主人请客人在家里吃饭。客人酒醉饭饱仍不想告辞。主人终于忍不住了,指着窗外树上的一只鸟对客人说:"最后一道菜这样安排:砍倒这棵树,抓住这只鸟,再添点酒,现烧现吃,你看怎样?"

客人答道:"只恐怕没砍倒这棵树,鸟早就飞了。"

"不,不!"主人说,"那是只笨鸟,不知道什么时候该离开。"

从上例可以看到,这位主人的确有着丰富的想象力,因此,幽默的语言才能脱口而出。

另外,一个人的幽默感同他的社会活动紧密相连。要使自己的语言幽默,最好的办法是向生活学习,向社会学习。中外无数的大政治家、大思想家、大文豪都是极富幽默感的人,我们的周

下篇　幽默口才带来人生乐趣

围也不乏颇富幽默感的人。跟各行各业的人聊天，你会经常意外地发现他们运用语言之妙，表达之风趣，足以令人倾倒。在与各种各样的人接触的过程中，你会增强自己语言的库存和会话的才能。幽默，也是一种酵母，跟幽默的人在一起待的时间长了，自己就会受到"传染"。我们要有意识地多接近幽默感强的人。通过接触与交谈，增强幽默感。

注意言语的健康和新颖

说话幽默风趣，切忌出怪相、油腔滑调或低级趣味。

虽然我们不能苛刻地要求幽默的语言都要有深刻的思想意义，因为它是一种诙谐风趣的语言，但一定要健康，切莫庸俗、轻浮，也不能混同于无聊的调笑。

例如，有的人嘲笑人家的生理缺陷，如口吃，跛脚等，这是很不道德的。又如，有的人对男女之间的话题津津乐道，绘声绘色，以此哗众取宠，博得哈哈一笑。这样非但不能表现出你的幽默，反而只能显露出你自己的庸俗和浅薄。幽默的出发点应当是善意的，有利于团结和身心健康的。

说话人含而不露的神情会增加幽默的效果，因此，谈吐宜含不宜露，宜淡不宜浓。我们每个人都有这样的体会，一个人在说笑话之前，如果自己已经笑得前仰后合，笑得透不过气来，就很难让别人产生幽默之感。

另外，幽默也不能过于深奥，应通俗易懂，否则像猜谜一样，百思不得其解，也达不到让人发笑的效果。

最后，再提一下，人们对新鲜东西最感兴趣。因此，即使是很幽默的话，讲了多遍也会使人厌烦。因此，话应力求新颖，言人之未言，发人之未发。

☺ 必备的素质

挪威探险家托尔·海雅达尔在同几位同伴孤筏渡重洋后，感触至深地写道：在冒险航行的恶劣条件下，开开玩笑，说说笑话，对一个探险集体来说，其重要性绝不亚于救生圈。

海雅达尔对幽默的重要性作了极富幽默感的描述。是的，无论是身负重任的领导者，或是普普通通的平民百姓，幽默感都是一项必备的素质。

古今中外，借幽默的力量"反败为胜"的例子层出不穷。

罗纳德·里根是美国历史上年龄最大的总统，这在崇尚年富力强的美国，不消说是一个令其头疼的问题，难怪他的对手蒙代尔总想抓住他的年龄做文章。1984年10月24日晚上，里根为了连任总统，与蒙代尔进行了一场至关重要的公开辩论。法新社记者在当天的电讯中是这样描述的："他在回答他是否认为自己担任总统年龄太大的问题时，把在市政礼堂里的观众都逗笑了，并得到了好评。里根说：'我将不把年龄作为一个竞选问题。我将不利用我的对手年幼无知这一点以占尽便宜。'"

幽默使里根"反败为胜"，度过了不好下台的难堪局面。当然，幽默并非是现代社会少数大人物的专用武器。《南亭笔记》中有

下篇　幽默口才带来人生乐趣

这样一则幽默故事：

彭玉麟有一次路过一条偏僻小巷。一个女子用竹竿晒衣服，一失手竹竿坠落下来，正好击中彭的头部。彭大怒，厉声斥骂。那女子一看原来是彭玉麟，内心十分害怕。但她在慌乱中急中生智，连忙说："你这副腔调像是行伍里的人，所以这样蛮横无理。你可知道彭宫保就在这里！他清廉正直，假如我去告诉他老人家，怕要砍了你的脑袋呢！"彭玉麟听了，马上转怒为喜，心平气和地走了。

身份低下的女子失手伤了权重势盛的彭宫保老爷，即使她反复道歉、请罪，也难解尴尬，难脱困境。这位聪明绝顶的女子，采用幽默的语言，运用间接赞美的方法，面对彭玉麟却假装不知，以"清廉正直的彭宫保"来对付这个"行伍里的人"，这种迂回赞美比直言赞美既多了幽默的色彩，又让彭玉麟觉得是"真心"的赞美，并非"恭维"，于是息怒而去。

不少企业、公司、学校将有幽默感列为选择工作人员的必备条件之一，因为，具有幽默感的口才是衡量一个人社交能力的重要标志。作为社会代表的领导者，当然更应具备幽默这种必备的素质。一个谈吐风趣、具有幽默口才的人，易于博得广大群众的好感；也往往具有随机应变的能力，能婉言地道出难以启齿的问题，能使自己所领导的集体变得友好与和睦，并成为众望所归的领导者。

培养自己的幽默才能，一定要在一开始就很注意把握分寸。特别是担任一定职位的领导人，句句言谈非同小可，如果不慎过了头，非但起不到作用，反而可能会适得其反，甚至造成严重的后果。

千里之行，始于足下

我们已经知道了幽默是什么，怎样才能幽默，明白幽默的种种技巧是必要的，但具备幽默的才能才是我们的目的。正如毛泽东所说"学习的目的全在于应用"。

不少人说"知易做难"，我们往往不知从哪里下手，从何做起，这话有一定的道理。古人云"千里之行，始于足下"。从现在做起，在自己实际的工作、生活中学起。

学习是创造的前提，有人说得好："在生活中，留心处处皆幽默。"因此，我们要竖起耳朵，听别人讲趣事，听同事幽默地谈工作，也听家人的欢声笑语。

有一个人自称很会下棋。有一天，他和别人下棋，接连输了三盘。

有人问他："今天你和人家下棋，一连下了几盘？"

他回答："三盘。"

又问他："几胜几负？"

他说："第一盘我不曾赢，第二盘他不曾输，第三盘我要和，他不肯。"

别人说："那你不是都输了吗？"

他不服气地说："我哪儿能输给他，不过是让他几盘罢了。"

留心听别人的交谈，就会发现许多妙语和幽默故事，让自己受用不尽，并带来莫大的益处。像这则故事中这位输了不认输的

下篇　幽默口才带来人生乐趣

人，在生活中是常见的。

某医院有个医术很差的年轻大夫。一天，一位病人求他治病。病人讲了病情之后，年轻的大夫就对病人进行了检查。可是，查来查去，却说不出病人患的是啥病。他思索了一会儿，突然严肃地问病人："请问先生，你以前得过病吗？"

"得过，大夫。"

"嗯，对了！你现在是旧病复发。"

再看一则"不要忘记鄙人"的幽默：

有一位店主去政府机关办理开业手续。
店主："申请开店营业，请办理手续。"
办事员："大家有数，今后店里有了便宜货，可不要忘记鄙人。"
店主："……"
办事员："经营何种业务？"
店主："精制各种花圈和骨灰盒子。"

在这两则幽默故事中，这位医生是庸医，而办事员则是条蛀虫。人们往往对后一类故事更欢迎，因为人们对社会上的不正之风深恶痛绝，以幽默进行讽刺，令人们感到痛快。又如：

爸爸：四与三谁大？
孩子：当然四比三大。但为什么三元比四角大？
爸爸：这是单位不同。

孩了：为什么三个苹果比四个核桃大？

爸爸：这是概念不同。

孩子：那为什么三姨妈比四姨妈大？

爸爸：……

　　孩子是很天真的，童言多雅趣，小孩往往能给我们很多的幽默启发。只要我们细心观察，身边的人常有许多有趣的言语、行为值得我们模仿和学习。必须注意的是，不要去揭人家的隐私，谈话间宁可赞扬别人抑自己，也千万不可以损人达到使人发笑的目的，这是不道德的行为。

　　在大千世界，每个人都有自己的故事，每个人都有自己的幽默。发掘自己的故事，是你幽默制胜的一条捷径。台湾作家三毛的幽默，如同快乐，随手可得，现摘录几段。

　　清晨起来，喝冷茶一杯，慢打太极拳数分钟，打到一半，忘记如何打下去，从头再打，依然打不下去，干脆停止，深呼吸数十下，然后对自己说："打好了！"再喝茶一杯，晨课结束，不亦乐乎！

　　静室写毛笔字，磨墨太专心，墨成一缸，而字未写一个，已腰酸背痛。凝视字帖十分钟，对自己说："已经写过了！"绕室散步数圈，擦笔收纸，不亦乐乎！

　　……

　　逛街一整日，购衣不到半件，空手而回，回家看见旧衣，倍觉件件得来不易，而小偷竟连一件也未偷去，心中欢喜，不亦乐乎！

　　……

　　匆忙出门，用力绑鞋带，鞋带断了，丢在墙角。回家来，发觉

下篇　幽默口才带来人生乐趣

鞋带可以系辫子，于是再将另一只拉断，得新头绳一副，不亦乐乎！
……

上课两小时，学生不提问题，一请二请三请，满室肃然。偷看腕表，只一分钟将下课，于是笑对学生说："在大学里，学生对于枯燥的课，常常会逃。现在反过来了，老师对于不发问的学生，也想逃逃课，现在老师逃了，再见。"收拾书籍，大步迈出教室，正好下课铃响，不亦乐乎！
……

交稿死（日）期已过，深夜犹看《红楼梦》。想到"今日事今日毕"的格言，看看案头闹钟已指凌晨三时半，发觉原来今日刚刚开始，交稿事来日方长，心头舒坦，不亦乐乎！
……

三毛的确是位幽默家。对于平常的事都以创作快乐之意，创作出幽默。从中我们亦可体验到：幽默并非高深莫测，生活是幽默的源泉！幽默的材料是层出不穷的，只要我们巧妙地加以运用，就能在社交场合获得良好的效果。

"千里之行，始于足下"，从现在做起，从吸取身边的幽默素材做起。让我们共同记住：幽默地对待生活，幽默地想问题，每时每刻从生活中挖掘自己的幽默！

愿您成为幽默家！

☺ 在实践中多加训练

幽默，离不开语言，要使自己具有更多的幽默素质，每一个人都要进行语言的训练。

宋朝著名爱国诗人陆游,曾对儿子说过这样一句话:"汝果欲学诗,工夫在诗外。"虽谈的是诗,但这句话用在幽默上也是一样。

幽默是言语间闪现的智慧火花,但要做到妙语连珠,就要在实践中作加强多方面素质和基本功的训练。

演讲要吸引人,当然少不了"生动有趣"四个字,而生动有趣又非用幽默不可,故演讲需要幽默。

另外,幽默也需要演讲,或者说需要说话。幽默虽属于人们思想的产物,但它毕竟要被人表达出来,才能发挥它固有的作用。例如娱乐于人、开导他人、自我辩解等。

一个构思巧妙的幽默,被人们说出来时不一定是幽默——这全看说幽默的人是否善于把它表达出来。这绝不是故弄玄虚,是生活中常见的事实。同一幽默的故事的不同表达,其效果相距甚远。

那么,讲成功的奥秘在何处?这里简略地提几点:

(1)在讲幽默之前切莫自己先笑起来,也不要作言过其实的应允或过分的谦虚。如"准会叫你们每位笑掉大牙、笑痛肚子"等等,而应该开门见山。

(2)在幽默中,情节是最重要的,而人物是十分次要的,因此,介绍人物要尽量简单。如幽默小故事"谁的画",介绍人物短短的一句话,情节的描述也十分简练:

美国大画家惠斯勒,有一天随朋友去访问伦敦的某个百万富翁。一走进那华丽的客厅。他发现墙壁上挂着一幅他自己绘的画。他仔细地看了看,对于这幅多年前的作品,很不满意。

于是,取出画笔和颜料,在那画上快笔加以修改。

"你这是干什么,"主人一见,大为震惊地说,"你是谁,敢在我的画上乱涂!"

"你的画,"惠斯勒不动声色地回答说,"你以为付了钱就成为你的了吗?"

(3)切忌平铺直叙,不能用同一速度和调子来表达,在讲关键的词和段时,如上文的"你以为付了钱就成为你的了吗?"速度应减慢,并且要加重语气。

(4)既不可没精打采,又不可矫揉造作。即使是讲一两句话的小幽默,也要表现出你的兴趣,多做快活动作。

除以上几点外,方法还有很多,如眼睛要与听从的眼睛始终保持联系;用词,特别是表示动作的词汇要尽量简单等,都应予以注意。

创造自己的幽默感

要使自己也成为幽默家,就要把他人的幽默人格变为自己的幽默人格。幽默不是从天上掉下来的,也不是用金钱能买得到的,关键在于,我们在运用幽默之前,首先要努力创造并逐步发展自己的幽默感。

一天,德国著名作家、诗人海涅收到一个朋友寄来的一封分量很重的欠邮资的信。他取这封信时,付了一定数目的钱。拆开封皮一看,原来是一大捆包装纸,把包装纸一层一层地揭开后,里面有一张小纸条:

"我很好,你放心吧,你的朋友梅厄。"

海涅的朋友很快也收到一个欠邮资的包裹,包裹很重,他以为里面一定有贵重的东西,为取这个包裹,他不得不付出一大笔现金。原来包裹里面装的是一个大石头，石头下面也有一张纸条：

"当我知道你很好时，我心里的这块石头也就落地了。"

看了上述这则"这块石头也就落地了"的幽默，我们不禁捧腹大笑，诗人海涅竟会幽默到这样的程度。透过这滑稽的故事，我们看到了海涅幽默的人格。他在待人处世方面是意味深长的，给人一种轻松的欢笑感，在语言方面给人一种风趣感，在增强幽默感方面又给人以启发。

在日常生活、工作中，也要加强自己的趣味和游戏精神，怀着好玩有趣的情绪多多表露自己："我这个人也是有趣的！我们一起欢笑，互相信任，我能够取笑自己，而绝不会取笑别人！"

你自己充满了趣味，一旦被周围的人所发现，他们就会喜欢你、信任你，更重要的是乐意和你来往、交谈。别人会觉得找到了一个可以倾诉的对象。他们自觉或不自觉地把烦恼和挫折的事儿告诉你，也不会担心被耻笑。当你把幽默当"礼物"送给别人，你就免不了会从他人那儿得到许多有用的东西，学到幽默。别人信任你，乐于同你在一起，同你一道工作，那么与此同时，你便有了向上的力量，如虎添翼，通向成功。

总而言之，尽管每个人成功的得力点不尽相同，但不少人都是将好玩有趣的精神变为幽默而取得成功的。只要我们持之以恒地努力，学会用幽默帮助别人，别人也会来帮助我们，我们是完全可以加强自己的幽默感，将幽默变成自己的人格的。

下篇　幽默口才带来人生乐趣

幽默测试

一、概述

人生总会遭遇无数的痛苦、悲伤及困苦,当然也有欢笑。当我们欢笑时,大多是因为人生道路称心如意,其实,还有一个可以令人开怀的方式,那就是"幽默"。幽默是智慧的体现,是语言的艺术,蕴藏着深刻的内涵。如果没有了幽默,生活就会变得枯燥无味。幽默能化解矛盾,促进和谐,化干戈为玉帛;幽默是克敌的武器,锋芒不露,柔中克刚。具有幽默感的人,拥有乐观豁达、谈笑风生的性格。他们有能力控制严肃、紧张的局势,发现其中幽默的东西,并且很快地扭转形势;当他们发现一些有趣的事情时,会立即与他人分享,使得每一个人都往好的方向调整自己的情绪……在工作和生活当中,这些人是相当可贵的,在任何地方都备受欢迎——他们可以化解人际交往的许多冲突或者尴尬情境,往往能使人怒气难生,变得豁达,也可带给别人快乐。幽默感来自于自由轻松的心情。它是一种沟通的方式,可以使人开心,引人发笑,对身心健康极为有益。但是,有些人却很难拥有幽默感。因此,我们首先必须意识到幽默的重大价值。

二、目的与功能

本测验旨在帮助被调查者了解自己的幽默程度,管理者也可据此了解下属的幽默程度。了解幽默在日常工作与生活中的重要作用，了解如何才能产生幽默，了解幽默的特点，以便我们今后能让自己更加幽默一些，达到不断改善人际关系，让工作与生活更加和谐的目的。

三、适用对象

本测验适用于想要了解自己幽默程度的人。既可用于自测，也可用于集体测验。

四、使用说明

本测验由三十道题目组成，每道题目均与人的幽默有关。请仔细阅读下面的题目，根据自己的实际情况，实事求是地作出判断，并分别用"3""2""1"表明自己的观点。其中"3"表示"是"，得3分；"2"表示"不确定"，得2分；"1"表示"否"，得1分。在"得分"栏的三个数字中作出你的选择。请快速作答，不要遗漏。

五、测验题目

题号	题 目	得分		
1	大家是否会因为你有很强的幽默感而希望和你一起办公？	1	2	3
2	你是否有利用幽默感帮助自己和他人记住许多重要事情的经历？	1	2	3
3	当工作压力很大时，你是否会运用适当的幽默来提高工作效率？	1	2	3
4	家庭生活的和谐美满是否与你有相当的幽默感有关？	1	2	3
5	他人很少对你发脾气是否是因为你有很强的幽默感？	1	2	3

下篇 幽默口才带来人生乐趣

（续表）

题号	题目	得分		
6	你是否喜欢把幽默的故事拿出来与同事分享？	1	2	3
7	在陌生的环境里，你是否会利用幽默活跃气氛？	1	2	3
8	你是否会有意识地去发现生活中的乐趣，并与他人分享？	1	2	3
9	你的幽默是否有助于创造和保持良好的工作关系？	1	2	3
10	与同事们在一起闲聊时，你是否会因为最具有幽默感而成为中心人物？	1	2	3
11	当工作压力特别大的时候，你的幽默感是否帮了自己的忙？	1	2	3
12	别人讲的有趣的笑话能否很容易把你逗笑？	1	2	3
13	对一些喜剧电影、喜剧演员和其他有趣的东西，你是否格外留心？	1	2	3
14	面对冲突，你是否能利用幽默感缓和气氛，避免危机？	1	2	3
15	你在工作中表现出来的幽默感是否让公司领导把你看成是很有价值的员工？	1	2	3
16	你是否经常有一些幽默的表现而让同事们开心？	1	2	3
17	大家特别愿意与你一起工作，是否是因为你的幽默感能使他们在工作中感到轻松愉快？	1	2	3
18	在交换工作意见的时候，你是否喜欢讲一些幽默的小故事来表达自己的观点？	1	2	3
19	同事和家人是否都认为具有幽默感是你的一个最大的优点？	1	2	3
20	你的幽默是否对每个人都有益？	1	2	3
21	你是否喜欢跟幽默感强的成员（或者领导）在一起工作或者闲聊？	1	2	3
22	你是否会记下一些幽默的话语或者文章？	1	2	3

(续表)

题号	题 目	得分		
23	当你想到一些有趣的事情时，是否会笑出来？	1	2	3
24	和同事们一起大声说笑，你是否觉得很舒服？	1	2	3
25	你是否能利用幽默感增强团队的凝聚力？	1	2	3
26	领导和同事是否很欣赏你的幽默？	1	2	3
27	你的幽默性语言是否避免了含有歧视残疾人意味的词语？	1	2	3
28	当遭遇尴尬境地的时候，你是否能用幽默去自我解嘲？	1	2	3
29	他人能否在短时间内发现你非常具有幽默感？	1	2	3
30	你的幽默性行为能否避免含有侮辱人格的意味？	1	2	3

六、结果分析

（一）记分规则

将"得分"栏中的数字相加即为你的总分，它基本上反映了你幽默程度的高低。

（二）测验分数的解释

如果分数高于82分，表明你具有很强的幽默感。

如果分数是70~82分，说明你具有一定的幽默感，但还需继续培养。

如果分数低于70分，则说明你需要好好调整一下自己，努力培养自己的幽默感。